旅する台湾

# 屏東《へいとう》

一青妙 / 山脇りこ / 大洞敦史

あなたが知らない
人・食・文化に出会う場所

ウェッジ

# 「国境の南」屏東に魅せられたい

編集部

台湾は多様性の島だと言われる。単一文化的な日本に育った我々は、まずそうした台湾の複雑さ、そしてその複雑さが生み出す文化の豊かさに惹きつけられる。一方、台北にいるだけでは多様性を実感できる機会は限られている。

ところが屏東には、それらがバランスよく配置され、パイワン族などの先住民、漢民族の閩南《びんなん》系、客家《はっか》系など多くの人々が混ざり合って、台湾らしさを醸し出している。

ある意味で、最も台湾らしい場所と言えるだろう。

屏東に対するイメージをとてもよく教えてくれるのが「国境の南」という呼び名だ。台湾で過去最大のヒットとなった２００８年の国産映画「海角七号」は、屏東の恒春を舞台にし、主題歌は「国境の南」だった。

国境よりさらに遠い場所にあるというイメージだが、そこには遠いというだけではなく、「未知」「神秘」「夢」などのイメージも込められている。「台湾南洋」というニックネームもある。

台湾人にとって、行ったことはないが、一度は行きたい場所。行けば確実に魅了される場所。それが屏東だった。

ただ旅行先としてのネックは遠さであったが、開通した台湾新幹線で、台北から1時間半で高雄（左営）駅まで結び、そこから在来線を使って30分で屏東市に着いてしまう。しかも、数年後にはなんと台湾新幹線の屏東への延伸も決まっているという。そうなれば台北から2時間圏内、楽々日帰りもできる訪問先になる。

そんな追い風もあって、この数年、遠かった屏東の存在が、急激に近いものになってきている。台湾の若者や文化人が屏東に夢中になり、長期休暇になると屏東に殺到するようになった。「屏東進化（進化する屏東）」「台湾的万花筒（台湾の万華鏡）」などと形容されるようになった。

屏東の魅力が、だんだん台湾全体に伝わっている実感がある。

その長所は、料理にも現れる。屏東にいけば、先住民料理、客家料理、台湾料理がバランスよく存在し、本物の味を提供している。台湾の人々から「屏東好味道（おいしい屏東）」と呼ばれるのも不思議ではない。

屏東の歴史も、私たち日本人にとって浅からぬつながりを持っている。２０２４年は、日本の台湾出兵から１５０周年にあたる。日本の台湾領有の原点とも言える事件で、日本・台湾両方で、台湾出兵のきっかけになった「牡丹社事件」を含めた、当時の歴史への探究がこのタイミングで活発に動き出している。日本統治時代には、日本の南方進出の拠点として多くの軍人・軍属が屏東に暮らし、当時の住居や施設が今も残され、観光施設や文化拠点に生まれ変わっている。

本書では、そんな屏東に魅せられた3人の作家が、それぞれの視点から屏東のさまざまな姿を取り上げた。台湾にルーツを持ち、作家・女優として活躍する一青妙は「屏東と日本」の関係を掘り起こし、料理家で屏東の食を愛する山脇りこは屏東の豊かな食文化を自らの足で調べ、伝えている。台南在住で作家・翻訳者として文筆活動に取り組む大洞敦史は「文化」の視点から屏東の魅力をフットワークよく丁寧に描き出している。

本書は、日本では初めての屏東を専門に取り上げる書籍となる。本書を通して、屏東に魅せられる日本人が増えることを期待したい。

勝利星村
V.I.P ZONE

五十年代屏東市鄉下人家
懷舊
柑仔店
勝利星村必玩景點

目釋迦

200

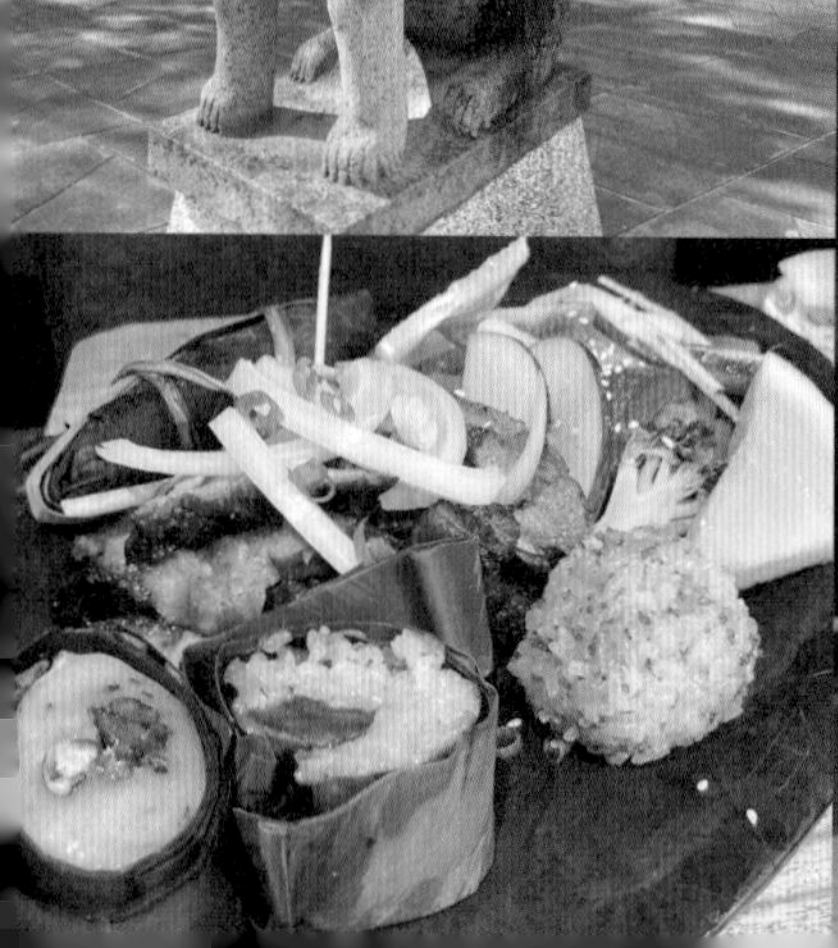

海角七号
CAPE NO.7

旭海

屏東縣立圖書館總館

# 目次

旅する台湾・屏東《へいとう》　あなたが知らない人・食・文化に出会う場所

「国境の南」屏東に魅せられたい……2
地図……18
凡例……22

第1部
## 屏東に息づく日本　一青妙

さあ、屏東へ……24

第1章
### 懐古の街を訪ねて

90年近い時を経て再生される〈大和ホテル〉……27

本を楽しむカフェ〈順順堂〉 33
屏東のヘソ〈中央市場〉 37
文化の発信基地〈勝利星村創意生活園区〉 41
COLUMN 01 生まれ変わる日本軍の捕虜収容所 46

## 第2章 何者かになりたくて

「クルクル」と「サワヤカ」鹿児島出身のふたり 49
屏東の有名日本人・三味線弾きの志甫一成さん 56
「日本」スタイルにこだわるラーメン屋〈小田本舗〉 61
カニ好き日本人夫とパワフルな台湾人妻 66
芸術家夫妻が営むカフェ〈三平珈琲〉 71
COLUMN 02 泊まれる水族館〈国立海洋生物博物館〉 76

## 第3章 屏東のなかの「日本」

日本の将軍と夢で対話〈東龍宮〉……78
あなたも「鉄道迷」に!?〈南廻線〉……84
日本人が植えたコーヒー〈屏東珈琲園区〉……91

## 第4章 歴史を知り、未来を考える

最後の聖道〈阿塱壹古道〉……97
COLUMN 03 秘湯を楽しめる〈旭海温泉〉……105
日本海軍航空隊を偲んで〈大鵬湾サイクリング〉……107
日本時代からの通学路〈満茶古道〉……111
COLUMN 04 台湾出兵から150年～牡丹社事件の足跡……117

第2部 屏東の食を訪ねて 山脇りこ

傘がなくても自分の足で走る人を探して …… 122

第5章 屏東で食べる

キャプテンが率いる東港・佳珍海産餐庁 …… 124
大陳島郷民食堂・菊子 …… 132
AKAME …… 137
みんなの〝辛ママ〟がつくる、おふくろの味 …… 145

第6章 屏東の味を支える調味料

ごま油～金弘麻油花生行～ …… 152

醤油～豆油伯～ 161

## 第7章 大地と海からの恵み

カカオの力を信じて、新しいチョコレートへの挑戦 173
マンゴー 182
パイナップル 189
桜エビ 196
屏東のおいしいお店とおみやげ 200

第3部

# 異文化に出会う

大洞敦史

喪失を乗り越えて …… 206

第8章

## 海を愛する人々

ウミガメの島〜小琉球 …… 209
海と山のはざまで〜楓港・総統一族の故居 …… 215
浜は陸の縁側〜恒春・パイワンの工芸家 …… 218
青春の町〜墾丁大街 …… 224

第9章

## 山に生きる人々

礼納里部落・パイワン族の結婚式 …… 227

石と木と英知の結晶～老七佳石板屋部落 233
山の防波堤～神山部落 241

第10章

土地に深く根差すアート

華麗な民族衣装のつくり手たち 249
COLUMN 05 美術館を訪れるべき理由～屏東美術館 257
三地門でトンボ玉つくり～蜻蜓雅築珠芸工作室 258
COLUMN 06 圧倒的な美しさ～屏菸1936文化基地 262
太平洋をわたる鼻笛の調べ 264
COLUMN 07 台湾最南の美術館～看海美術館 268

第11章

客家の文化に親しむ

「老師」と行く鉄馬の旅 269

COLUMN 08 客家文化のテーマパーク～六堆客家文化園区……278
歴史が詰まったミュージカル「埔之内」……280

＊本書は2022年11月～2023年1月頃までの取材に基づき執筆している。現地を訪れる際は事前に最新の情報を確認して下さい。
＊写真については、キャプションに特に記載がないものは著者、屏東県政府からの提供です。

1. 驛前大和咖啡館
2. 屏東觀光夜市
3. 屏東中央市場
4. 順順堂
5. 東和大旅社
6. 屏東公園
7. 屏東演武場
8. 屏東美術館
9. 屏菸1936文化基地
10. 屏東糖廠文物館
11. 勝利星村創意生活園區
12. 豆油伯勝利星村品牌文化體驗館
13. 新發日式文旅
14. 漱漱麓　SuSuRu
15. 栞　SHiORi
16. 青島巴叁
17. 宗聖公祠

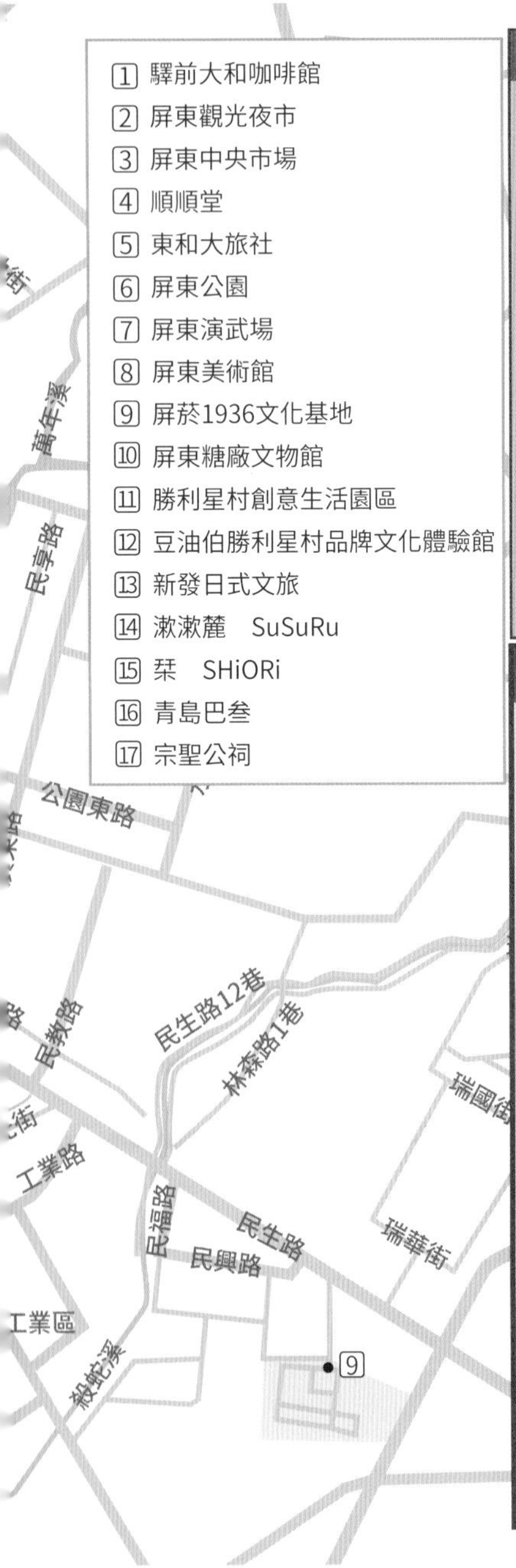

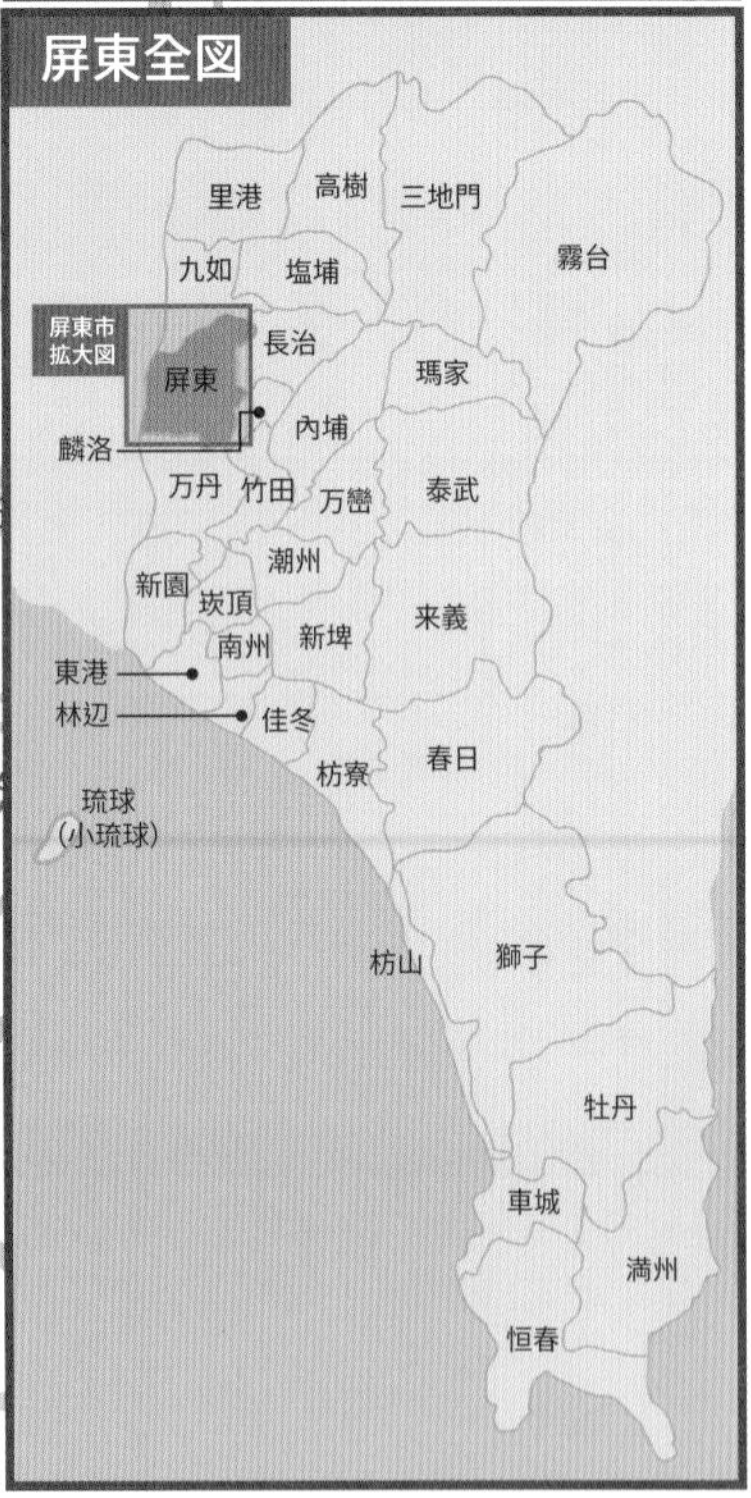

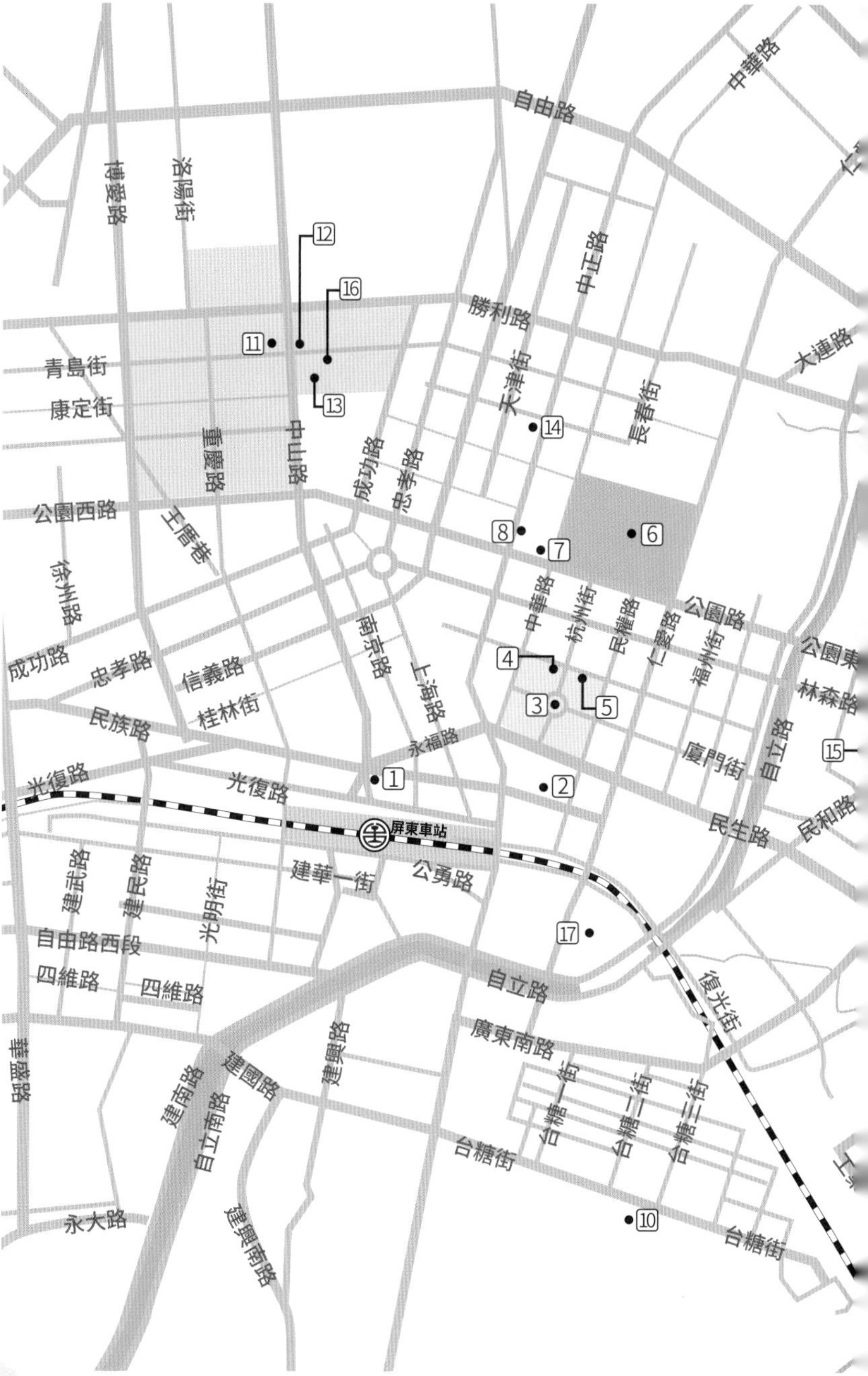
自由路
中華路
博愛路
洛陽街
中正路
勝利路
大連路
青島街
康定街
天津街
長春街
重慶路
中山路
成功路
忠孝路
公園西路
王厝巷
徐州路
中華路
杭州街
民權路
仁愛路
公園路
福州街
公園東
林森路
南京路
上海路
成功路
忠孝路
信義路
桂林街
民族路
永福路
廈門街
自立路
光復路
光復路
民和路
民生路
屏東車站
建武路
建民路
光明街
建華一街
公勇路
自由路西段
四維路
四維路
自立路
復光街
廣東南路
華盛路
建南路
自立南路
建國路
建興路
台糖一街
台糖二街
台糖三街
台糖街
永大路
建興南路
台糖街
1
2
3
4
5
6
7
8
10
11
12
13
14
15
16
17

# 屏東全図

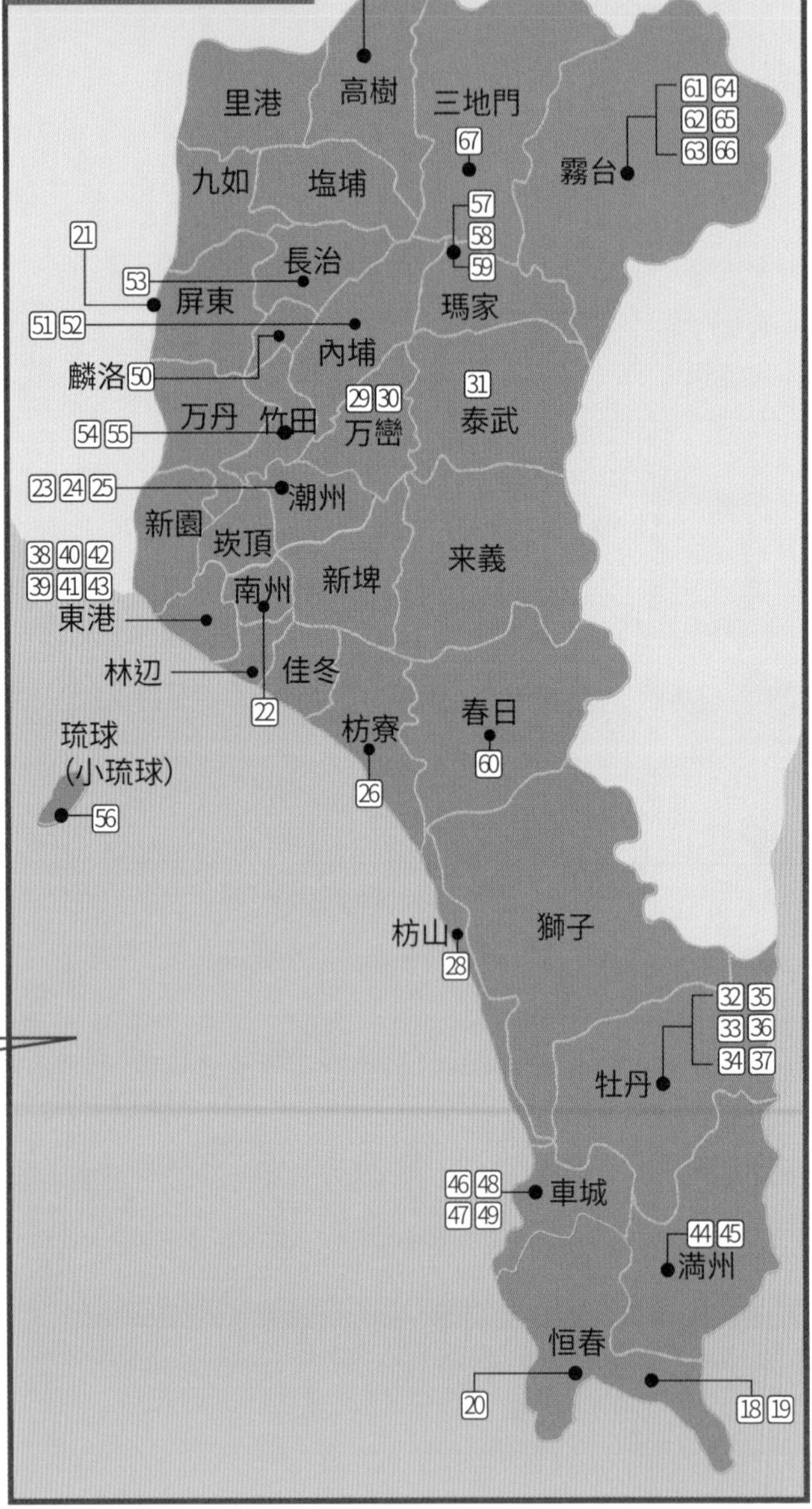
68
高樹
里港
三地門
61 64
62 65
63 66
霧台
67
九如
塩埔
57
58
59
21
長治
53
屏東
瑪家
51 52
內埔
麟洛 50
29 30
31
万丹
竹田
万巒
泰武
54 55
23 24 25
潮州
新園
崁頂
来義
38 40 42
39 41 43
南州
新埤
東港
林辺
佳冬
22
琉球
(小琉球)
56
枋寮
26
春日
60
枋山
28
獅子
32 35
33 36
34 37
牡丹
46 48
47 49
車城
44 45
満州
恒春
20
18 19

⑱社頂五號店
⑲墾丁大街(夜市)
⑳花野井手創日本料理・民宿
㉑高屏舊鐵橋
㉒小田本舖
㉓三平咖啡
㉔潮州鐵道園區
㉕金弘麻油花生行
㉖東龍宮
㉗蔡總統祖厝
㉘盧家芒果
㉙屏東咖啡園區
㉚屏東可可巧克力園區
㉛嵐咖啡
㉜民宿左岸
㉝旭海溫泉
㉞旭海紅牌海鮮店
㉟牡丹社事件紀念公園
㊱高士神社
㊲牡丹社事件故事館
㊳大鵬灣單車站
㊴佳珍海產餐廳
㊵裕祥便當
㊶福灣巧克力
㊷海上教堂咖啡
㊸東港東隆宮
㊹滿香冰果站
㊺正宗港口茶
㊻石門古戰場
㊼國立海洋生物博物館
㊽看海美術館
㊾清泉日式溫泉館
㊿屏東縣動物之家毛小孩樂園
51 六堆客家文化園區
52 三間屋文化工作坊
53 火燒庄烈士祠
54 豆油伯
55 六堆忠義亭
56 正好友生態環保旅店
57 Mathariri
58 禮納里部落
59 禮納里最美的街角
60 老七佳石板屋部落
61 神山部落
62 神山愛玉冰
63 刀疤工坊
64 耶穌聖心堂
65 霧光雲台民宿
66 AKAME
67 蜻蜓雅築珠芸工作室
68 銀獅農莊

## 凡例

- 地名は基本的に日本語統治時代の日本語の読みに従う。
- 中国語、台湾語の読み方については発音上、通じやすいものを法則化し、表記している。
- ルビについては、著者や取材対象者の意向、通用度等によって中国語、台湾語を使用している。
- 漢字については基本的に新字を使用するが、通用度等を考慮し、一部を旧漢字（繁体字）としている。
- 台湾における「原住民族」は、当事者たちが勝ち取り、憲法にも記載された正式名称であることから、本書ではこの呼称を一部で用いている。また、「部落」についても、同様に差別的な意味はなく、「集落」の意図で使用している。

第1部

# 屏東に息づく日本

一青妙

# さあ、屏東へ

一青妙

台湾の最南端にある屏東は、「台湾尾《タイワンウェイ》」の通称で呼ばれている。なるほど、サツマイモの形をしている台湾の、下端のキュッとなったところで、尻尾に見えなくもない。

歴史を遡ると、あたり一帯は平埔族阿猴社の人々が暮らした場所で、Ａｋａｕｗまたは Ａｃｋ－ａｕｗと発音されていた。漢字表記として、最初は音が近い「阿猴《あこう》」の文字が当てられていたが、１９０３年に「阿緱《あこう》」となった。１９２０年になると、各地で語呂が悪いものや何と呼んでよいか判りにくい地名を適当な名称に変更する動きがあり、清朝時代に設置された屏東書院に因《ちな》み、今日の名称――屏東に変わった。

台湾の友人に「どんな場所？」と聞くと「遠くて不便なところ」「よくわからない」などと返ってくる。

日本の台湾好きな人のなかでも、屏東に詳しい人はまだ少数派だ。新幹線や飛行機で直接行くことができない。

熱帯地方で1年中暑い。

台北から400キロ近く離れている。

ガイドブックが極端に少ない。

一見、外国人としては積極的に足が向かない理由ばかりが並ぶ。

台湾きってのリゾート地「墾丁《こんてぃ》」の名が独り歩きして、屏東と結びつかないのも問題だ。

私も、台湾を何度も訪れてきたが、屏東についての印象は薄かった。

自転車で台湾一周「環島《ファンダオ》」の際に屏東を通った。抜群に美味しかった潮州のかき氷「冷熱冰《レンローピン》」や果てしなく広がる檳榔《びんろう》の樹、最難関とされているヒルクライム「寿峠《ショウカー》」を越えたことは覚えていても、細部まで知ることはなかった。

ところが、ここ2、3年の間に、屏東は台湾で大人気の観光都市となり、連休にもなれば、宿泊先を探すのにひと苦労するほどだ。コロナ禍で海外渡航が難しくなり、国内旅行に目を向けた台湾人が、「屏東なかなか楽しい」「屏東に遊びに行ってきた」「屏東最高!」と声を上げ、屏東の魅力に気がついた。

実は、屏東の玄関口「屏東市」から高雄市は、列車に乗ってわずか20分程度の距離にある。喧騒を離れ、自然が多い屏東に引っ越し、高雄まで通勤する人も多い。

屏東には特徴ある先住民や客家《はっか》文化が残っている。サンゴ礁からできた離島の小琉球ではシュノーケリングでウミガメと泳げる。周囲には3000メートル級の山々が連なっており、太平洋、台湾海峡、バシー海峡に面しているので、山登りから海水浴まで何でも叶う。

マンゴー、蓮霧《リイエンウー》(ワックスアップル)、パイナップル、タマネギ、レモン、ナツメなどが採れ、桜海老やマグロ、チョコレート、コーヒーは世界に誇れるほど美味しい。良質な温泉もある。台湾の歴史的転換点となるローバー号事件（1867年）や牡丹社事件（1871年）、台湾出兵（1874年）などが屏東を舞台に繰り広げられた。

自然豊かで、歴史と文化の薫りが漂う屏東。

前屏東県長の潘孟安《パンモンアン》は、屏東を気温も人情味も他の地域に比べて「總是多一度（とにかく1℃高い）」と言い続けてきた。

確かに、全てにおいて〝熱い〟屏東だ。

一方で、屏東初の女性県長となった周春《チョウチュン》米《ミィ》は、「最南端的屏東、最棒的旅遊（最南端の屏東、最高の旅）」をキャッチフレーズに、屏東の魅力を積極的にアピールしている。

台湾人は、屏東を見て、屏東を感じ、屏東を認識し始めた。

私は日本人として、屏東に地下ダムを建設した鳥居《とりい》信平《のぶへい》や日本の本を収蔵するアジア最南端の図書館・池上一郎博士文庫（本書の取材を行った2022年12月は改修中）、日本の軍人を主神とした廟、灯台、神社、日本統治時代の家屋群など、屏東と日本が深く繋がっているものを探しに、屏東の旅を一歩踏み出した。

さあ、屏東へ行こう。

第1章

# 懐古の街を訪ねて

## 90年近い時を経て再生される〈大和ホテル〉

気軽に屏東を訪れるとしたら、屏東市を入り口とするのがいい。ホテルがあり、百貨店やカフェ、夜市、伝統市場なども揃っている。市内の移動にシェアサイクルのＹｏｕＢｉｋｅやバスを利用すれば、不便さは感じない。

主な見所は、のんびりと歩いて回ってもいいくらいの範囲にある。

私は、１枚の横広の水彩画「南国之薫風～屏東市五十名所１８９５－１９４５」を手にしている。屏東出身の画家・陳《チェン》信《シン》宏《ホン》さんが、日本統治時代の雑誌『臺灣公論』に倣って描いた屏東市の鳥瞰図だ。陳さんは、自身の父親の記憶に残っている屏東市について、数年をかけて日本統治時代の資料などを集めて完成させたという。

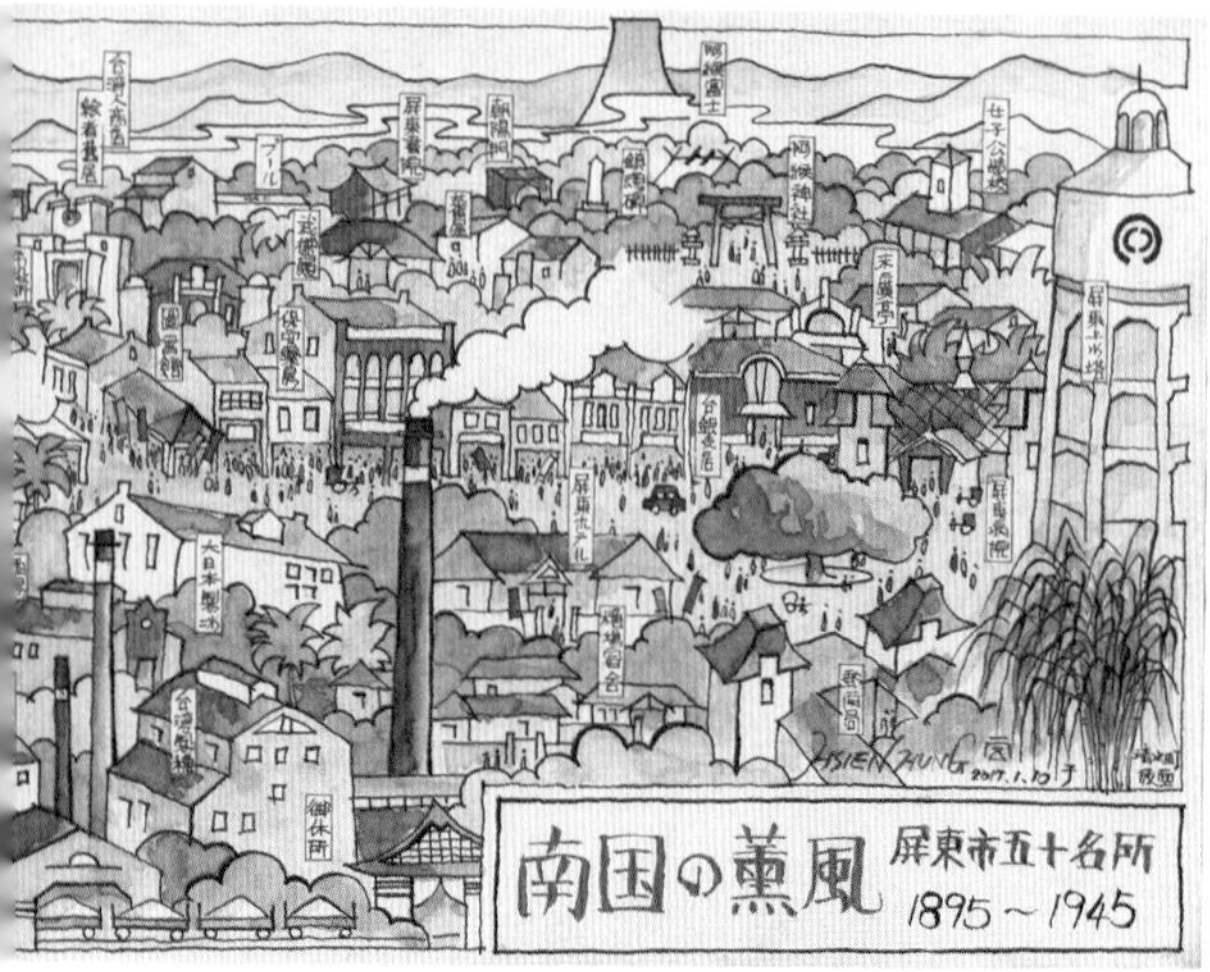


絵には「台湾製糖」「酒精工場」「市場」「紀の国屋」「三井文店」などが描かれている。遠くに中央山脈を眺め、渓流や鉄道、飛行機があり、当時の繁栄した様子が見て取れる。

今となっては、残念ながら影も形もないものが多い。それでも、最近は残っているものにリノベーションを行い、遺構として保存する動きが活発化しており、屏東市全体の雰囲気が大きく変化しているという。

期待で胸が膨らむ。どれくらい、屏東市と日本を結ぶ「絆」が復活したのか、「南国之薫風」と照らし合わせながら街歩きをしてみたい。

屏東市の玄関口・屏東駅に降り立って驚いた。記憶の中の薄暗い地方の小さな駅舎が、ソーラーパネルを屋根に設置し、ガラス張りの吹き抜けに波や椰子の木など南国らしいモチーフが散りばめられ、意匠を凝らした現代的な駅舎に生まれ変わっていた。駅前には噴水もあり、ライトアップされると美しい。

目の前にズラリと並ぶレンタカーやレンタルバイクの店、パーキングを越え、目抜き通りの中山路を200メートルほど

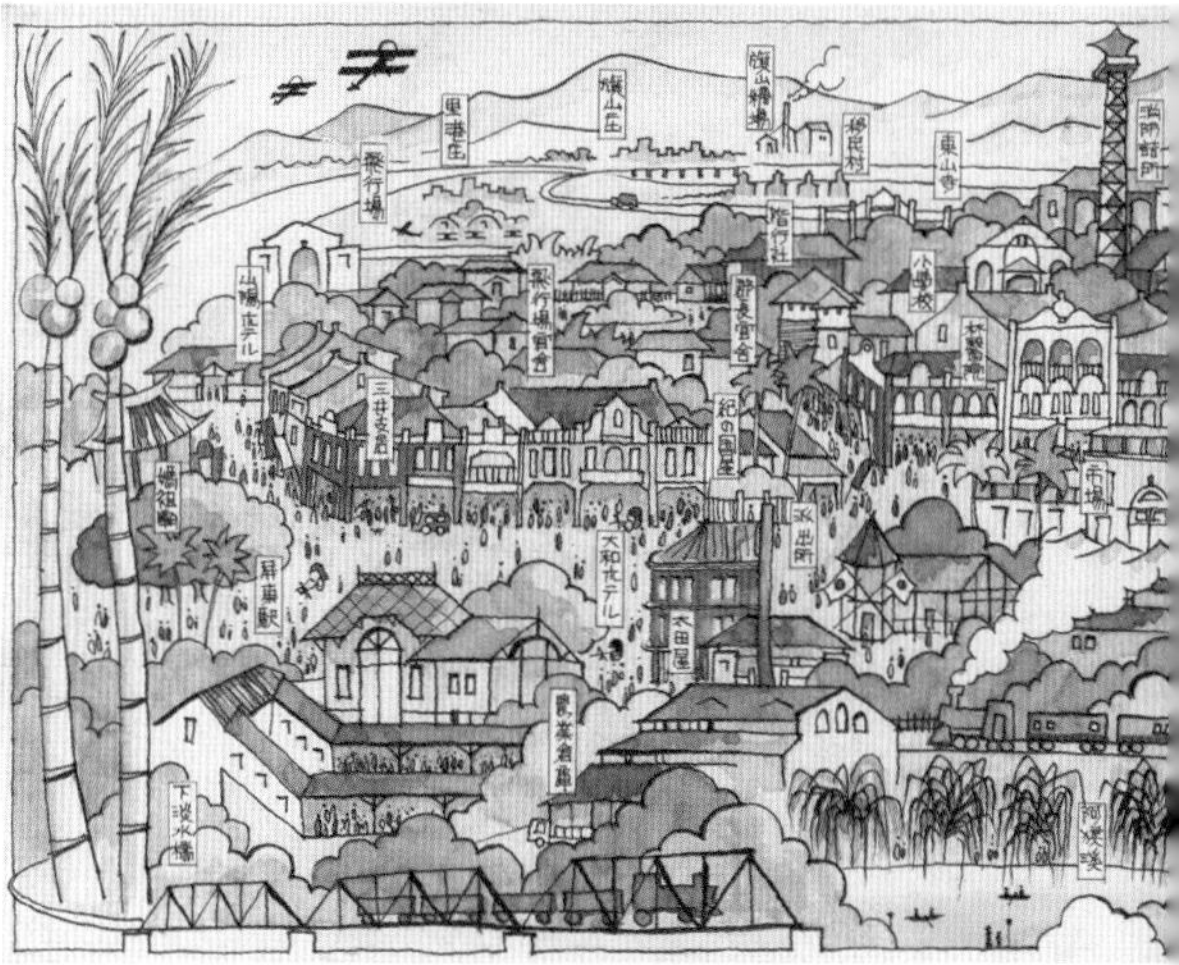


「南国之薫風～屏東市五十名所1895-1945」（Ⓒ陳信宏）

進むと、五差路の右角地に歴史感漂う品のある3階建ての建造物が見えてきた。

控え目な袖看板に「大和ホテル」とある。「南国之薫風」に描かれた日本統治時代の1939年に完成した宿泊施設だ。

鉄筋コンクリート造りに薄茶色のレンガタイル貼りの外観は、当時とさほど変わらない。東京の高島屋日本橋店や大阪の高麗橋野村ビルディングとどことなく似ている。コーナーが丸くなっており、四角い柱のアーケードに長方形の窓と、装飾らしいものを省き、シンプルに構成されたモダニズム建築に懐かしさを覚える。

「YAMATO Café」と表記されている1階のガラス扉を開くと、挽きたてのコーヒーの香りが漂ってきた。内装は、鉄骨むき出しやコンクリート打ち放しのインダストリアル風。壁一面が大きなガラス張りで、光が程よく射し込み、何時間でも座っていたくなる気持ちいい空間だ。

肝心の大和ホテルは2、3階部分で、現在開業準備中だが、リノベーション計画を主導するPaul（頼《ライ》元豊《ユエンフォン》）さんに話を聞くことができた。

「数年前までは、建物を覆うように大型看板が張り巡らされていたので、大和ホテル時代の名残は全くわからない状態でした」

かつての大和ホテルは、屏東駅前唯一の宿泊施設であり、1階にビリヤードやスイーツショップが入っていた。3階建てのモダン建築は、小売人や軍人たちが多く利用する小洒落た宿として大繁盛していたが、戦争が終わると同時に「大成旅社」へと改名されるも、時代の趨勢に逆らえず、1999年に廃業した。ホテルは廃墟と化したが、1階部分には食品や眼鏡店などの店舗が入った。屏東・枋寮出身のPaulさんも、長い間屏東駅を利用してきたものの、大和ホテルの存在を知ることはなかったという。

2011年、クリスマスツリー電飾で事業を築き上げた「源順工業」の許源順《シュユェンシュン》会長が、個人資産で大和ホテルを買い取った。北部の新竹出身の許会長の妻が屏東・萬丹出身で、故郷を思う気持ちから、大和ホテルの新たな物語の1ページがスタートした。

2014年に大和ホテルは「屏東県歴史建築」に登録された。大規模なリノベーション計画が立てられ、まずは1階に許会長が大好きなコーヒーが飲めるカフェをオープンしたという。

改装中のホテル部分を見せてもらった。中央に台湾のレトロ建築でよく見かける磨石子《ムオシーズー》（テラゾー・人造大理石）の階段が伸びている。登った先にはチェックインカウンターがあり、個人用の客室を2階、ドミトリー形式の客室を3階に配置した。元の大和ホテルは、トイレと洗面が共用で、風呂はホテル外の銭湯で済ませるスタイルだったため、狭い客室が36室もあったそうだ。リノベーション後は、トイレと洗面は共用だが、部屋数を半分以下に減らし、各室にシャワー

90年近い時を経て再生される「大和ホテル」。そのリノベーション計画を主導するPaul（賴元豊）さん。

ブースを設けた。客室部分に設置されたスタイリッシュモダンな鉛色の手洗いボウルが、レトロな建築に不思議と融和していた。3階には大広間もあり、飲食の提供を予定している。どの部屋も窓が多く、屏東市街を一望するだけでなく、光をふんだんに取り込めるから嬉しい。

特筆すべきなのは、3階に、茶室をヒントに作られた特別室を増設したことだ。専用のトイレにシャワー、バスタブがあるだけでなく、坪庭まで独り占めできるから贅沢この上ない。

「文化とは、昔のものだけでなく、未来に続くもの」

許会長とPaulさんの思いは一致していた。外観を変えずに、本来の用途と同じ形でリノベーションを行い、ひいては「大和」を、屏東を代表するひとつのブランドにしたい、とPaulさんは熱く語った。

大和ホテルの階段は最上階までの吹き抜け構造となっていて、まるで映画のセットのよう。Paulさんは階下から見上げ、爽やかな笑顔でこんなスローガンを唱えた。

「大和ホテルに泊まったことがなければ、台湾に来たとはいえない」

その通りだ。私も早く泊まりたいと、はやる気持ちを抑えられない。90年近い時を経て、再生される魅力いっぱいのホテルの開業が待ち遠しい。

## 驛前大和咖啡館

屏東県屏東市民族路163号
電話 08-766-9777
営業 9:00-18:00(不定休)
https://www.facebook.com/yamatocoffee
MAP P.18-19 1

## 本を楽しむカフェ〈順順堂〉

大和ホテルの目の前の曲がり角の民族路を東に進んで行くと「屏東観光夜市」の入口に辿り着く。夜市といっても、早朝から開いているお店もあるので助かる。ジューススタンドからスイーツ、麺、鍋、寿司まで何でも食べられるが、オススメは100年近い歴史を持つ「郭家愛玉冰」。プルンとした愛玉と杏仁豆腐、仙草ゼリー、タピオカが看板の台湾スイーツ店だ。蜂蜜レモン水に氷と4種類全部をミックスした「綜合冰《ゾンホービン》」が暑い屏東にぴったりで、お替わりが止まらない。

スイーツ以外では「正老牌屏東肉圓」をぜひ食べて欲しい。肉圓《バーワン》といえば彰化の名物で、手のひら大もある肉あんを澱粉の粉の皮で包み、蒸した後にたっぷりの油に浸し、甘辛のオレンジ色のソースで食べるのが定番だろう。ところが、屏東の肉圓はだいぶ様子が違う。餃子くらいの大きさで、豚ひき肉を米粉の皮で包み、巨大な蒸籠で蒸しあげている。セロリの葉を散らし、醤油だれとお好みでおろしニンニクを加えて食べるのが地元流。つるんとした喉越しは、香港の腸粉によく似ている。最低3個からで、それ以上は好きな数を注文できるのも嬉しい。ちなみに、なぜか「豬血湯《ヂュシエタン》」（豚の血に水や塩を加えて固めた豆腐のようなもの）とセットで注文するのが定番だ。人気店のため、早朝4時半からの営業で、お昼前には売り切れてしまうことが多い。

民族路と並行するように走っている「逢甲路」と「永福路」は、屏東市で最初に賑わった通りだ。ロータリーを囲むように衣類や生鮮食品などを販売する「屏東中央市場」が広がっている。

屏東観光夜市で人気の「郭家愛玉冰」と「正老牌屏東肉圓」の肉圓

長い間、屏東市民の台所を担ってきた市場だが、デパートや食品小売店が増え、市場で物を買う人が減り、シャッターが閉まったままの店も多い。寂しい印象を受けたが、近年はベトナムからの移民が増え、ネイルやフェイシャルといった美容関係の店を開いていた。気分転換にふらっと入ってみる。体験したのは、フェイシャルマッサージ。約1時間かけ、頭や首筋もしっかり揉みほぐすなかなかの腕前で、お肌もツルツルになってご機嫌だ。

すっかりリフレッシュし、喉が渇いた私は、中央市場のコーナーに建つクリーム色の2階建てのカフェ「順順堂」に入った。

ターコイズブルーに塗られた壁がアクセントになっている可愛らしい内装のカフェだ。オープンキッチンで本棚や読書机があり、チェッカープレートの内階段で2階に上がると、BALDWINのアンティークピアノが飾られており、小上がりの座席やヒノキの透かし彫り欄間にペンダントライトの明かりが優しい。どことなく昭和モダンの雰囲気が漂い、くつろげる。

住居として使われてきた名残だろうか。手洗いに色とりどりのタイルが貼られた浴室があった。

「この建物は地層のようでとても面白いの」

カフェ順順堂の店主・張淑芳さん

　順順堂の店主・張淑芳《チャンシュファン》さんによれば、かつて、中央市場一帯は「阿緱病院」（後に「屏東病院」に改名）だった。水彩画「南国之薫風」にも、確かに「屏東病院」の文字がある。戦後、火事で一部が焼失し、屏東初の公有市場が建設され、たいそう賑わった。順順堂も、洋服店として市場の一角を占めていたが、外壁を囲うように店の看板を立てたため、今のような角が円形の味のある建造物は隠されて見えなかった。

「2階に残っているヒノキの柱は日本統治時代からのものよ。窓枠も当時のまま。洗石子《シーシーズー》は戦後のもの。元々は1階が店舗で、2階にはリビングやキッチンがあったの。天井が低い中2階もあって、女性の地位がまだ低かった時代、彼女たちの寝室だったと聞いています」

　洗石子とは、日本では「洗い出し」と呼ばれており、セメントに細かく砕いた石を混ぜ、固まる前に表面を洗い、石の頭部分を露出させるスタイルを指す。戦後の台湾の建物で、特に床や壁、浴室などによく使われてきた工法だ。日本の薫陶を受けた建築士が、残せるものを残しながら、50年代から60年代、70年代とその時々の建築様式を加え、改築を重ねてきた。なるほど、だから地層なのか……と私は感慨深く頷いた。

屏東出身の張さんは以前、誠品書店に勤務していた。話していくうちに、偶然にも私が書いた本を扱っていたことがわかり、互いに驚いた。

「多くの人と一緒に読むことを楽しめる空間を作りたかった」

張さんは、古い家は見るものではなく、その中で生活できるようにしなければ意味がないと考える。店名は、何事も思った通りにいくという意の「順心順意」から「順順堂」に決め、「咖啡＋飲食＋閱讀（コーヒー＋飲食＋読書）」を店のテーマにした。彼女の願い通り、過ごしやすい空間が私の目の前にあった。

## 屏東觀光夜市

屏東県屏東市　民族路～民生路一帯

MAP P.18-19 2

## 屏東中央市場

屏東県屏東市　廈門街

MAP P.18-19 3

## 順順堂

屏東県屏東市福建路53号

電話 08-732-0013

営業 11:00-21:00（水・木定休）

https://www.facebook.com/profile.php?id=100063632631027

MAP P.18-19 4

# 屏東のヘソ〈中央市場〉

屏東市で最初に栄えた中央市場付近には、立ち寄りたいと思わせる場所がたくさんある。

ビルの谷間に、2階建ての横広の建造物があった。真っ白な外壁に、スカイブルーの屋根と黄緑色に塗られた窓枠に鉄窓花《ティエチュアンファ》（窓に付けられた鉄製の飾り格子）がアクセントとなっていて、可愛らしい。店舗だと思い近づくと、入り口に「東和大旅社 TUNG HO BIG HOTEL」と書かれた看板が掲げられていた。だいぶ年季の入った旅館だ。一歩足を踏み入れると、受付台にコインを入れるタイプの電話機やアルマイト製のコロンとした形状のヤカンなど、懐かしいものがいっぱい並んでいた。

「製糖業が盛んだったころは、この辺が屏東の中心で、たくさんの旅館と映画館がありました」

見入っている私に、ホテルの女主人・邱尖《チィウジィエン》さんが台湾語で話しかけてきた。綺麗にセットされたカーリーヘアに手を当てながら、美容院から戻ってきたばかりという彼女。87歳と高齢にもかかわらず、パンツスーツ姿に水玉模様のネッカチーフを巻き、かくしゃくとしている。

2階にどうぞ、と案内してくれた。

廊下を歩くと、床が軋《きし》んでミシミシと音がする。主な部屋は、4畳半くらいの大きさで、蚊帳付きのベッドに机、タンス、椅子が置いてあり、トイレと洗面所は共有だ。テレビとトイレ付きの部屋もあるが、至ってシンプルで、日本の簡易宿みたいな造りだ。この立地で、1泊日本円で2000円以下と格安なため、仕事の関係で、月単位で過ごす人も多い。

「民国50年代（1960年代）は本当に賑やかでした。年越しや受験シーズンになれば、泊まる部屋がなく、みんな床で寝ていました」

日本統治時代、東和大旅社は料亭だった。終戦後は、「逢来旅舎」という旅館になり、1961年に邱尖さんの祖母が買い取った。100年近い建物は、改修を経て維持してきたものの限界が近く、現在は常連のみで一般客は受け入れていない。それでも、邱尖さんは生きている限り毎日受付に立ち、部屋を掃除し、屏東市の移り変わりを見つめていきたいと微笑む。

「お昼ご飯食べた？」

邱尖さんが昼食の準備をするから一緒に食べよう、と誘ってくれた。屏東市のことをなんでも知っている生き字引に、もう少し色々と聞いてみたい。

「南国之薫風」に描かれた屏東病院の北側には、「阿猴神社」の鳥居が鎮座している。日本統治時代、人々の信仰を集めた場所は、現在、「屏東公園」として、市民の憩いの場となっている。園内は、クリスマス時期のライトアップが美しく、遊具も多い。県古蹟として指定された清朝時代の1836年に築かれた立派な城門「阿猴城門（朝陽門）」や、太鼓橋がほぼ原型のまま残っている。末広稲荷神社の遺構、抗日事件で亡くなった軍人や警察官を偲ぶ石碑、消防記念碑など

威厳のある量感たっぷりの「阿猴城門」

も見ることができるが、絵の中の鳥居は見当たらない。ちなみに、神社の狛犬は、屏東市の南にある萬年公園内の忠烈祠の参道入り口に飾られている。

屏東公園の向かいには「屏東演武場」がある。警察官の練武場として１９３０年に建てられた「屏東武徳殿」だ。内部は見学でき、不定期で各種展示も行っている。

中央市場から少し離れ、１９３６年に建てられたタバコ工場をリノベーションした「屏菸１９３６文化基地」に向かう。タバコ工場時代の倉庫にグリーンをふんだんにあしらい、機械や器具を展示した没入体験型ミュージアムだ。客家や先住民文化も紹介しているので、屏東の産業と文化を総合的に学べる。

「南国之薫風」にひときわ高く、モクモクと煙を出している煙突が描かれている。１９３８年、台湾製糖株式会社の「阿猴製糖所」が建設された場所だ。屏東市が「糖の都」として発展したことを表現している。

中央市場の南側に位置し、かつて台湾三大製糖工場のひとつに数えられたが、１９９７年に操業を終了した。工場の跡地には、棟札や製糖工場の変遷などを陳列した「屏東糖廠文物館」と、サトウキビを圧搾した石臼や、鳥居信平《とりいのぶへい》の胸像が並ぶ「歴史公園」があり、事務所だった建物も残っている。鳥居信平は１８８３年静岡県に生まれ、１９１４年に農業土木技術者として渡台した。台湾製糖の要請で、屏東におけるサトウキビ農地開墾のため、伏流水を利用した地下ダム「二峰圳《にほうしゅう》」を造った。１９２３年に完成した二峰圳は、現在も屏東平原を潤し、今日も活用され

鳥居信平の胸像

る産業遺産として改めて台湾で注目を集めている。２０２２年には建造１００周年記念で鳥居信平の子孫を招いての記念式典やシンポジウムが開かれるなど、「鳥居ブーム」が起きている。

サトウキビ輸送に使われたトロッコ電車が並ぶ先に、何本もの大木があり、間に円柱場の建造物が見え隠れしていた。「南国之薫風」に描かれていた煙突の残骸だ。元は70メートル近くあったそうだが、老朽化のために倒壊し、残ったのは僅か9メートル。それでも、十分な存在感だ。規則正しく積み重ねられた煉瓦が美しく、中央にポッカリと空いた穴から見えた青空と木の葉が、平和を物語っていた。

## 東和大旅社

屏東県屏東市福建路35号
電話 08-732-1775
MAP P.18-19 5

## 屏東公園

屏東県屏東市公園路
MAP P.18-19 6

## 屏東演武場

屏東県屏東市公園路28号
電話 08-736-5882
営業 9:00-17:00（月定休）
MAP P.18-19 7

## 屏菸1936文化基地

屏東県屏東市菸廠路1号
電話 08-721-0234
営業 屋外 9:00-22:00　展示館 9:00-18:00　金曜-日曜 9:00-21:00（月定休）
MAP P.18-19 9

## 屏東糖廠文物館・歴史公園

屏東県屏東市台糖街66号
電話 08-752-6301
営業 8:00-12:00 13:00-17:00（土日休館）
MAP P.18-19 10

# 文化の発信基地〈勝利星村創意生活園区〉

取材に訪れた時期は11月下旬に入っていたが、半袖がちょうどいい。一陣の生暖かい風に背中を押され、駅を背に、トコトコとメインの中山路を歩き始めると、15分ほどで、両側に古めかしい戸建ての日式家屋群が現れた。

屏東の胎動に触れられる大人気の観光スポット「勝利星村創意生活園区」だ。

一帯は、日本と深い関わりがある。すぐ近くに、１９２０年に設置された台湾初の飛行場「屏東飛行場」があるためだ。

当初屏東飛行場は、先住民地域への示威飛行や郵便物の輸送を行なっていたが、１９２７年に入り、陸軍飛行第八連隊が福岡県大刀洗から移駐し、軍用飛行場となった。南進計画に伴い、１９３６年に第八連隊は陸軍第三飛行師団に再編され、屏東飛行場の規模も大きくなり、近くに次々と官舎が建てられた。

戦後は、中国大陸からやってきた国民党の軍人や政府要人とその家族が暮らす「眷村《けんそん》」となり、新たに家屋を建て増し、東京ドーム１・３個分もある敷地に大規模な集落が形成された歴史を持つ。

日本統治時代に建てられた115戸の平屋は、歴史建築として登録され、県政府主導で整備を進め、現在の勝利星村創意生活園区として生まれ変わった。

飲食店だけで50店舗近くあり、雑貨店もたくさんある。全部制覇することは難しいので、園区内の宿泊施設「新発日式文旅」を基点に、周辺を楽しむことにした。

2部屋にリビングとキッチン、バストイレが共用の民宿だ。もちろん日本時代の平屋をリノベーションしたもので、1棟借りもでき、親しい友人や、ふた家族での旅行にも適している。

民宿を営むのは、高雄出身の陳奎銘《チェンクウイミン》さんと屏東出身の柯盈瑜《クエアインユー》さん夫妻。旅好きで、スペイン旅行でドミトリーに宿泊し、外国人と一緒に楽しく過ごした経験が忘れられず、屏東初の青年旅館（ユースホステル）をオープンした。外国人同士の交流の場を作りたい、という思いは、いつしか故郷の歴史や建物の興味へと繋がり、新たに新発日式文旅を手掛けたという。

「この建物は、軍人さんたちの体育の先生――史少校の家だったの。史少校の子孫が暮らしていたけれども、20年くらい前にアメリカに移住して、最近までは茶芸館として使われていました」

私が寝泊まりしている民宿の背景を柯さんが教えてくれた。茶芸館の写真も見せてくれたが、現状とほぼ変わらない内装だ。

園区内の建物は歴史建築のため、天井や梁に手を加えたり、間取りを勝手に変えたり、色塗りや釘、画鋲を使うことを禁じられている。民宿としてもっと快適に、便利にしたいけれども、思うようにできないジレンマを抱えていた。2022年7月に開幕したばかりの新発日式文旅にとって、私は外国人宿泊者第一号。しかも日本人。泊まった感想を求められた。

「100年近く前に建てられた日本式家屋に泊まれることは、唯一無二の思い出になります」

隙間から蚊が入ってきたり、床が軋んだりする箇所がある。浴槽はなく、キッチンも使いにくい。すぐにこじ開けられそうな玄関の鍵は心許ない。ホテルに比べ、正直不便なところは多々あるが、ここでしか体験できないことがある。

旅の価値として何を見出すかは、人それぞれだ。

ラグジュアリーな旅が目的なら、民宿を選ばなければいい。

夫妻は「原汁《ユエンヂー》原味《ユエンウェイ》」――オリジナル――をモットーに、過度な改修を施さず、豪奢な調度品も置かずに、宿泊者が歴史を体感できればいいと考えている。私も同感だ。

早朝、鳥の鳴き声に起こされて周辺を散策した。

軒先で、猫が背伸びをしている。

自転車でスーッと横切って行くお爺ちゃんが「早安《ガオザー》」と手を振ってくれた。近くに暮らしているのだろうか。小走りで後をついていくと、すぐ近くの「遺構公園」に着いた。ここも園区の一部だ。

リノベーションもできないほど崩壊が進んだ一区画を、建築家とアーティストらが知恵を出し合い、廃墟アートへと昇華させた。梁と壁しか残っていない家屋や、ガジュマルに飲み込まれそうな門扉、崩れたレンガ、スローガンの落書き、道端の防空壕など、日本家屋と眷村時代の痕跡が、ミルフィーユのように重層的に重なっていた。時空を越えたタイムカプセルのようで、ノスタルジーを誘う。

勝利星村創意生活園区の一軒一軒にはかけがえのない物語がある。民宿の通りの向かいのカフェは、抗日戦争に参加した張其中《ヂャンチーヂョン》将軍の故居だ。店を開いているのは、将軍の孫。国民党の将軍で抗日戦争の英雄・孫立人《スンリーレン》や、作家・張暁風《ヂャンシアオフォン》の故居もある。

かつて日本統治時代には軍人が暮らしていた。庭に立ち、滑走路に降り立つ飛行機の音を聞きながら、どんなことを考えていたのだろうか。国民党の将校は、日本式家屋の暮らしに慣れたのだろうか。

時代は変わっても、家屋が立つロケーションは変わらない。

園区は地方創生の一翼を担っている。日本統治時代を映し出す居酒屋や、眷村色を強く打ち出す雑貨屋、先住民の文化を伝えるミュージックショップ、花屋、書店として賑わっている。

新たな風が吹き込まれた日本統治時代の家屋群に、お気に入りの1軒を見つけ、ゆったりと過ごしたい。

「南国之薫風」に描かれている屏東市には、日本の足跡がまだまだ残っていた。

### 勝利星村創意生活園區

屏東県屏東市成功路134号（勝利星村運営所）

営業 8:00-12:00 13:30-17:30（土日休館）

MAP P.18-19 11

### 新發日式文旅

屏東県屏東市清営巷3号

電話 0908-227-059

https://www.facebook.com/profile.php?id=100066691989178

MAP P.18-19 13

# 生まれ変わる日本軍の捕虜収容所

第2次大戦中、日本軍はアジア・太平洋地域で約14万人の連合軍を捕虜として捕らえ、日本国内だけでなく、マレーやジャワ、香港、タイ、台湾などに捕虜収容所を建てたことが、日本のPOW（Prisoner of War＝戦争捕虜）研究会の調べでわかっている。

実は台湾にも、日本軍が建てた捕虜収容所が複数あり、そのひとつが屏東にあった。屏東県政府はその捕虜収容所跡地に動物愛護センターを建て、生まれ変わらせようとしているという。

屏東市中心部から車を約15分走らせ、屏東市の東隣に位置する麟洛郷に入ると、檳榔樹が整然と立ち並ぶ一本道の先に、周囲を塀で囲まれた立派な白いゲートが見えてきた。ゲート横に立つ建築現場の看板には「動物の収容、訓練、医療、葬儀場所」と書かれている。

中を見渡すと、約1万2000坪もある広大な敷地のほとんどが整地され、建築資材が積み上げられている。新しいレンガ積みの建物群とは別の一角に、年季の入った木造の平屋がポツンと残っていた。雑草を踏み分け、半開きの扉から中を覗き込むと、天井が剥がれ落ちた居住空間が広がっていた。

捕虜収容所は、かつての砕石場を利用して1942年に建てられた。南洋から連れて来られた約600名もの捕虜（主にイギリス人）たちが、一旦ここに集約され、その後、台湾各地の収容所に送られた。屏東の捕虜収容所での主な仕事は、砂を洗ったり、運んだり、ときには砂糖工場でも働かされ、伝染病で命を落とす捕虜も多かった。

戦後は、台湾陸軍の訓練所として使われてきた。2009年の八八水害で甚大な被害を受け、壊滅した霧台郷の好茶村の先住民・ルカイ族が長期避難していた時期もあった。

後日、元現場監督の林《リン》良《リィアン》宗《ゾン》さんと話す機会を得た。

林さんの記憶によると、着任した際、現場の建物は全て戦後に建て替えられたものばかりで、日本統治時代から残るのは、地面に敷かれた小石くらいだったと振り返る。

実は、捕虜収容所が動物愛護センターに生まれ変わるまでには、紆余曲折があった。軍が去り、避難所としての役割を終えた収容所は、長い間放置されてきた。鬱蒼と生い茂る雑草に、過去の歴史を知る地元の人は、近寄り難い場所として忌み嫌った。

再び注目を集めたのは、2000年代前半のことだ。かつて収容されていた捕虜の子孫や婚約者がこの地を訪れ、監視員を務めた台湾人と会い、記念碑を建てた。20年の月日を経て、この場所が戦争という悲惨な出来事を繰り返さないための記念館として生まれ変わることを、郷土史家や民間団体は望んできた。ところが実際は記念館ではなく、動物の殺処分も行われる動物愛護センターの建設に向けた工事が動き出した。これに対して、地元の人々は大きく反対し、何度もメディアに報じられた。

「せめて、あの小石だけでも残したいと思った」

だが、工事を進める中で、小石は全て撤去されてしまった。負の遺産でも、れっきとした台湾に残る歴史の一頁であり、屏東にしかない歴史を壊すべきではなかったと考えた林さんは、現場監督から離職した。

台湾を手中に治めた日本は、教育やインフラ整備を進める一方で、戦地で捕らえた捕虜を収容するための捕虜収容所をも建てた。この事実を、一体どれくらいの人が覚えているのだろうか。

碑文にはこう刻まれている。


謹此追念二次大戰期間被日軍囚役於屏東戰俘營的所有戰俘們，此地為戰俘營舊址，〝我們永遠記得他們〟（第二次世界大戦期に日本軍の屏東戦時捕虜収容所であったこの地において　囚役を強いられた全ての捕虜たちへ、「私たちは永遠にあなたがたを忘れない」との思いを込めて）

工事期間中は移動され、別の場所で保管されているが、完成したときは戻される予定だ。

元現場監督の林良宗さん

## 屏東縣動物之家毛小孩樂園

屏東県麟洛郷隘寮営区

MAP P.20-21 50

第2章

# 何者かになりたくて

## 「クルクル」と「サワヤカ」鹿児島出身のふたり

新しい土地を知るいちばんの近道は、暮らしている人と出会い、暮らしている人と話すことだと思う。

屏東には友人も親戚もいない。これまで旅人として路過《ルーグゥオ》——通り過ぎる——するだけだった屏東との距離をぐっと近づけてくれたのは、鹿児島出身の１９８７年生まれのふたりの青年との出会いがあったからだった。

彼らと出会い、話すうちに、さらに別の人や景色との邂逅を果たすことができ、曖昧だった屏東の輪郭がクリアになってきた。

屏東市の勝利星村創意生活園区の一角に店を構える「居酒屋桜島」で会う約束をした。私の真

「サワヤカ」福山勇作さん（左）と「クルクル」祝迫理さん（右）

向かいに座るのは、色白の痩せ型で野球帽を被った爽やかな笑顔の福山勇作さん。その横は、ガッチリとした体格でクルクルパーマのミディアムヘアにヘアバンドをつけた祝《いわい》迫《さこ》理《さとる》さん。大学時代の同級生で腐れ縁のふたりは揃って料理人だ。

第一印象を包み隠さず表現すると、いまどきのチャラい青年たち、だろうか。ところが、喋り出すと鹿児島弁全開の素朴で頼りない感じとなり、ギャップが面白い。

もともと人の名前を覚えるのが極端に苦手な私。外見の特徴から、サワヤカなキャラの福山さんを〝サワヤカ〟、天パーの祝迫さんを〝クルクル〟と、心の中で呼んで区別することにした。

ネットでたまたま屏東市の「うんまか舞麥食堂」という店を見つけた。なぜか気になった。鹿児島弁の〝おいしい〟を意味する〝うんまか〟に、中国語読みで〝ウーマイ〟と読む〝舞麥〟の漢字を組み合わせた店名が光っていた。美食家のブログにも度々登場し、鹿児島からやってきたふたりの男性が開いたと紹介されていた。「食堂」はすでに閉店していたが、ダメ元で連絡を試みたところ思いもよらずふたりに繋がった。

なぜ台湾で、それも最南端の屏東に暮らしているのか。

きっと根っからの台湾ファンだろう。きっと屏東に親類縁者がいるのだろう。きっと……。勝手な憶測を重ねる私に、衝撃的な答えが返ってきた。

「タイと台湾の違いがわからなかったんです」とサワヤカ。

「失礼だけれども、日本の方が上なのかと思っていた」と少し申し訳なさそうなクルクル。

ふたりとも、台湾について何の予備知識もなかった。

台湾とのファーストコンタクトは、大学時代の台湾人留学生に誘われ、卒業してからしばらく後に初めての海外として訪れたときだった。台北に降り立ち、デパートやコンビニの多さ、先進的なＭＲＴ（都市交通）に圧倒され、自分たちはただの田舎者だと痛感したそうだ。一方で、ふたりは当時博多の蕎麦屋で働いていたのだが、たまたま入った台北の蕎麦屋がそれほど美味しくなかったことから、一気に考えは台湾での出店に飛躍した。

ここからの思い切りがいい。当時は29歳。30を超えたら無理だと一念発起し、開業資金を携え、台湾に飛んだ。

友人たちの協力を得て、台湾第2の大都市・高雄《たかお》で和食屋をオープンした。店名は、それぞれの姓から一文字ずつ取って「祝福桜」とした。なかなかネーミングセンスがいい。

3年が過ぎ、常連客も増え、順風満帆だったが、人見知りのクルクルと引きこもりのサワヤカは、大都市高雄に少し息苦しさを覚え始めた。サワヤカの当時の彼女（現在の妻）が屏東出身の台湾人という縁もあり、2018年に屏東市に移住し、「うんまか舞麥食堂」を開いた。どうし

て評判の良い食堂を閉めたのか。

そんな私の疑問を察してくれたクルクルが、歯切れ悪そうに話し始めた。

「本当はこの居酒屋を『うんまか舞麥食堂』の名前をそのまま使って、レシピも全部持ってきて店長として一緒にやるはずだったんですが……」

居酒屋桜島のオーナーは、うなぎの養殖で成功した地元の台湾人。日本留学経験があり、仕事で日本と台湾を頻繁に行き来している人物だ。日本統治時代の軍人の宿舎をうまくリノベーションした店構えで、私が訪れた夜9時過ぎでも、次々と客が入ってきて賑わっていた。

店の性格や建物の歴史としても、これ以上ふたりに合う店舗はないと思うが、おそらく、具体的な経営方針を話すうちに、方向性や意見の食い違いが出てきたのだろう。思わぬ落とし穴にはまった形だ。

最終的に店名は「桜島」となり、料理長という立場でクルクルだけが勤務するようになった。サワヤカは結婚を契機に閉店した「うんまか舞麥食堂」と同じ場所で、新たに「漱漱麓　SuSuRu」を開業した。メインの料理はそうめん。そうめんをすする——やっぱりいいネーミングだ。

週に休めるのは互いに1日だけ。どこかに遊びに出かけるのかと思ったら、サワヤカが身を乗り出し、熱弁をふるい始めた。
「台湾のパチンコは24時間。めっちゃ自由。めっちゃ熱いと思います。日本で打てない台とかが平気であるんです！　だから、種類とかじゃなく、日本だったら新しいのがどんどん出てるんですけど、もう本当にすごい——」
サワヤカの止まらない勢いに圧倒された。クルクルは苦笑しながら、「こいつ大学のときからパチンコ屋にめっちゃ行ってましたから」と言う。
そんなに面白いところなら、ぜひ連れて行って欲しいと頼み込んだ。

日を改め、再び屏東市でふたりに会った。もちろん、目的はパチンコ。

頭上に「歓迎光臨」と書かれている自動扉をくぐると、大量のスロットやテーブル型のゲームが並んでいた。ゲーム音が鳴り響いている。「鉄拳」「キャプテン翼」「ルパン三世」……パチンコ素人の私でも知っている名前だ。日本から来ている台に違いない。

パチンコ屋というよりも、昭和の大型旅館の遊技場みたいな雰囲気だろうか。

我が家のように寛ぐクルクルとサワヤカは、それぞれの台に専念している。

台湾に来てから、朝から晩まで仕事場に詰めてきた。パチンコが、故郷の日本と繋がるアイテムなのかもしれない。

「これからどうするの」とストレートに聞いてみた。クルクルは台から手を離し、真っ直ぐ私の目を見て「ちゃんと成功してからじゃないと帰れない」と言い切った。「聖闘士星矢」の画面を見つめるサワヤカは、「パチンコ屋は大好きだけれども、勉強も好きで仕事には真面目です」と答えてくれた。

「『そうめん流し』知っています？　発祥は鹿児島の唐船峡《とうせんきょう》なんです」

サワヤカが突如そうめんの話題を始める。見せてくれた携帯電話の画面に、家庭で楽しむオモチャの流しそうめん機によく似たものが写っていた。

日本を離れたことで、自分たちは郷土愛――鹿児島愛が強いことを意識するようになったという。親兄弟よりも長い時間を一緒に過ごしているふたりの将来の夢は、台湾にも鹿児島にも店を持つことだと、しっかりとしたビジョンを描いていた。

思っていたよりも、根性がある。

ちなみに、私もパチンコに少しお金をつぎ込んで遊んでみたけれども、あっという間にスッてしまった。最後まで、ふたりがパチンコに没頭する意味は理解できなかった。

私を見送るため、店先で手を振り、深々と頭を下げるクルクルとサワヤカは、屏東の街に違和感なく溶け込んでいた。

「色々ありまして桜島を解雇されました！」

しばらくして、クルクルから連絡が入った。どこかでやっぱり……と思った。オーナーと店長がいる店で、クルクルが思うメニューや味を表現するのは難しい。次こそ、クルクルらしい店名を掲げた自分の店で勝負すべきだ、とは口に出して言わなかったが、心配するまでもなかった。

「腐る時期も終わって改めて頑張ります」

続いて届いたメッセージには、美味しそうな親子丼の写真があった。親子丼がメインの「栞SHiORi」の店長として再出発したクルクルは、炭火焼きを極め、美味しい丼ものを台湾の人たちに届けたいと意気込む。

次に新しい店を訪ね、料理しているクルクルに会うのが楽しみだ。

日本に戻り、偶然にも唐船峡のそうめん流しを紹介する旅番組がリビングのテレビで放送されていた。回るそうめんを箸で摘み上げた芸人が、興奮しながら食べる姿を見て、ああ、これか！となぜか私も無償に嬉しくなり、クルクルとサワヤカに伝えた。

屏東と故郷の鹿児島に店を出し、行き来する彼らの姿を想像した。

礼儀正しく、鹿児島愛が強い九州男児。どこまでもクルクルとサワヤカを応援し続けたい。

### 漱漱麓　SuSuRu

屏東県屏東市中正路143-2
電話 0908-112-980
営業 11:30-14:30 16:30-19:30
（火定休）
Instagram　susuru446
MAP P.18-19 14

### 栞　SHiORi

屏東県屏東市民和路116-1号
電話 0908-062980
営業 11:30-14:30 / 17:30-22:00（火定休）
Instagram　shiori92418545
MAP P.18-19 15

# 屏東の有名日本人・三味線弾きの志甫一成さん

屏東に暮らす日本人の知り合いができてくると、「志甫一成」という名前を耳にするようになった。志甫一成と書いて「しほいっせい」と読む。なんだか芸名のようでカッコいい。どんな人か聞いてみると「津軽三味線やっている日本人」「三味線弾く屏東にいる不思議な日本人」「三味線がうまい日本人」「三味線やって屏東に長くいる人」など、表現は微妙に違っても「三味線」は共通していた。

待ち合わせをした屏東駅近くのカフェに、金魚が描かれた優しい色味のＴシャツとサンダルを履いた人が入ってきた。

「こんにちは」

色白で線が細く、やや長めのふんわりヘアに、笑うと垂れ目の見るからに優しそうな人で安心した。

志甫一成は本名で、１９８６年に福井県で生まれ富山県で育った。津軽三味線は高校生になり、ＣＭで三味線を弾く上《あが》妻宏光《つまひろみつ》を見てカッコよさに影響され、興味を持った。私も、2000年代に入り、吉田兄弟や上妻宏光の台頭で、年配者が奏でる三味線のイメージが、ロックでクールなものに覆ったことを、ハッキリと覚えていた。出演したいくつかの舞台でも、彼らの音楽が使われた思い出がある。

三味線は志甫さんの生真面目な性格に合ったのだろう。ストイックに練習を重ね、ぐんぐんと上達した。2007年には津軽三味線日本一決定戦で準優勝を果たすほどの実力者となり、CDデビューの話も持ちかけられた。

輝かしい経歴を聞いても、目の前の穏やかな人物と日本海の荒波を表現するような荒々しい三味線の音色が結びつかない。それに、どうして屏東に暮らすようになったのかもわからない。

「特別な何者かになりたいから」

志甫さんとコーヒーを飲みながら話したなかで、ずしんと心に響く言葉だった。

実は合格していた大学院への進学を取り止め、デビューに向けて走り出したところ、バチを握る手に、不調が出始めた。原因不明だった。症状は悪化する一方で、デビューの話も雲のように消えた。その後はコンビニや介護施設、塾と仕事を掛け持ちしたという。

「三味線では結果が出せた。色んな人にいいねって言われ、自己肯定感がすごく高められ、ある種、存在意義みたいなものを感じられた」

原因不明だった病名は、後にジストニアだと判明した。身体が意思とは関係なしに動いてしまう状態で、熟練のミュージシャンに現れることが多い病気だ。治療法が確立されていない難病のため、楽器の演奏に支障をきたしても、どうすることもできない。ショックだったが、病名がわかり、逆に救われたところもあったと志甫さんは回想する。

台湾との繋がりは、3・11東日本大震災の義援金で巨額の支援を贈ってくれた台湾が気になり、「台湾に行って路上ライブとかしてみたい」という内容をSNSに残したことが始まりだった。

誰が見ているかわからないものだ。2013年9月、志甫さんのSNSを見たエッセイストの有川真由美さんが、当時暮らす台湾での三味線演奏のアレンジを申し出てくれた。1週間ほど滞在し、高雄や屏東で演奏したところものすごい反響があった。

「三味線を弾きに行きたい、何かを掴みたい、と思っていたかもしれないです。うん……多分人生に迷っていたかもしれない」

日本に戻ってわずか2カ月後、台湾に引っ越した。いつ帰ろうかなど全く考えずに、屏東での生活が始まった。

「どうして屏東」と聞けば、台北や高雄は物質的繁栄という点で日本と変わらないが、屏東だけが違って見えたことが、選んだ理由だという。

「屏東なら、自分しかできないことができる。自分が特別な存在になれる」

志甫さんが力強く頷く。

わかる。私も、台湾には自分にしかできない役割があり、自分が特別な何者かになると感じ、プライドを満たしている。

実際、屏東をベースにした志甫さんには、台湾各地からの三味線の演奏依頼が舞い込むように

なった。

屏東の日本人で三味線奏者といえば――志甫一成。オンリーワンの存在だ。

彼の演奏姿を見ると、左手でバチを持っている。ジストニアが治ったわけではなく、病気になってから、本来右手でバチを持って演奏するところを、左手に持ち替えて演奏するようになったのだ。演奏レベルは、最盛期からは程遠く、騙し騙しやっている状態だという。それでも、屏東に来たことで、三味線が自分のアイデンティティであることに気がついた。

「屏東は全てのバランスがいい」

2023年に入り、屏東での生活は10年目を迎えた。台湾人でイラストレーターの美緒さんと結婚し、可愛い息子も生まれた。思うような演奏ができなくなり、SNSでの発信を始めたが、意図せず炎上が起きてしまった経験もある。何をして生きていけばいいのか、ずっと思い悩んできた。屏東で暮らし、自然体でただ自分の求めているものをやっていけばいいと考えるようになり、プレッシャーに苛まれる心がやっと解放されたようだ。

笑顔いっぱいの志甫さんファミリー

改めて、屏東についての印象を尋ねると、「故郷の富山に似ています」と照れくさそうに言う。

富山では、四季を通して、立山連峰や海を眺めてきた。屏東にも3000メートル級の山があり、海がある。故郷は優しい。志甫さんの本能が、志甫さんを屏東に呼び寄せたのかもしれない。

屏東市には、市民が憩う「屏東公園」がある。前述のように、日本統治時代は「阿緱神社」があった場所だ。園内には消防記念碑や太鼓橋などが残っているが、こういった日本との繋がりがあることを、志甫さんは屏東公園で三味線を弾いていたときに、地元のおじさんから聞かされた。

これらは、三味線だけではなく、様々な形で心の交流を楽しみたいとか。

屏東とは、何者でもない自分を受け入れてくれる滋味深い大地なのかもしれない。

## 「日本」スタイルにこだわるラーメン屋〈小田本舗〉

東港から潮州に向かう途中、南州という街に立ち寄った。日本人が開いたラーメン屋があると聞いたからだ。

車を走らせていると、「ラーメン」「小田本舗」「オダホンポ」の看板を掲げる店舗が現れた。窓ガラスには「ラーメン」「めし」「鍋」「揚げ物」など日本語の文字が隙間なくぎっしりと並んでいる。ここに間違いない。

「日本」がつまったラーメン屋・小田本舗店長の小田哲也さん

「一碗入魂」と記された暖簾をくぐったはいいが、店員の姿がない。ひとまず入り口近くの椅子に腰掛けた。

やがて奥の厨房から藍染の帆前掛けを付け、ニコニコと笑う黒縁メガネの男性が、慌ただしくラーメンを運びながら目の前を通っていった。髪型がかなり個性的。表現するのが難しいが、極力忠実に描写するとすれば、基本のスキンヘッドに短く切り揃えた頭頂部の髪だけ残したヘアスタイルだ。

「小田店長ですか？」

声をかけたが、人手不足で忙しそうだ。食券販売機で「ラーメン」を買い、待ちながら店内を見学することにした。

招き猫、だるま、鯉のぼり、提灯、ナンバープレート、日本各地のポストカード、天狗のお面、のぼり旗、駅名板……日本を象《かたど》るものにあふれている。ラーメンを美味しそうにすすりながら盛り上がるお客さんたち以上に賑やかな装飾だ。2階席の壁には、赤富士や武将を描いた浮世絵の額が飾られていた。この小さな店内に、日本のエッセンスがぎゅっと詰まっていて、盆暮れが一緒にやってきたような派手さ。メニューのラーメンにも、横浜や軽井沢、博多、熊本といった日本各地の地名が付けられている。

壁に台湾メディアの取材記事が貼ってあった。

「一碗入魂的農村拉麵店（一碗入魂の農村ラーメン屋）」という見出しで紹介されていた記事には、次のようなことが書かれていた——日台混血の小田哲也は、生まれは日本だというのに、流暢な中国語と台湾語を話し、外国人観光客がほとんど立ち寄らない農家の多い小さな町・南州で、本格的な日本式のラーメン屋を開き、いまや老舗となっている——。

台湾にはラーメン屋が多いが、味や見かけは台湾化した店も多い。そんな点も人気のひとつかもしれない。

台湾人の母と日本人の父を持つ小田さんは、1967年に大阪で生まれた。中学から母親の故郷である屏東・南州で暮らし始めた。母は裕福な家庭に育ち、日本に留学に行き、公務員だった父親と恋に落ちた。屏東の恒春を舞台とした2008年の大ヒット映画「海角七号」に似ていると小田さんは笑う。

家では「台湾語」を話すよう厳しく教えられた。国語（中国語）は台湾の中学校に入学してから習ったが、台湾語が話せたので、日常のやり取りには全く問題がなかったという。

大学を卒業し、銀行に就職した。安定した業界だ。14年間勤め、マネージャーにまでなったというのに、なぜラーメン店を開くことになったのか。

「40歳で店を開くのが夢だったんです」

当時のことを思い出したのか、小田さんは嬉しそうだ。

子供時代に過ごした日本では天王寺の繁華街近くに暮らしていたという。友人の多くが商売人の家の子供だった。小田さんは、料理上手な母親の影響で、一緒に厨房に立つことが多く、料理番組もよく見ていた。いつしか飲食店を開きたいという夢を持つようになった。銀行マンになってもその思いは消えていなかった。

転機は、皮肉にも母親が癌になってから訪れた。

看病のため、小田さんは仕事場の高雄から、母親の暮らす潮州との往復を3年間続けた。仕事も忙しく、プレッシャーが大きくなり、あと少しで、夢を叶えなければいけない年齢に到達してしまう。思い悩む日々のなか、2006年に母親が亡くなり、同年、小田さんは母親の故郷で店を開くことを決意した。

「僕は目標を決めたら絶対やり遂げる性格だから」

結婚していたが、妻からの反対はなかった。亡くなった母親にも、いつか飲食店を開きたいことを話していたので、きっと天国で喜んでくれていると思っている。

サラリーマンだった小田さんにとって、飲食は門外漢だ。最初の数年は四苦八苦しながら、日本にいるラーメン屋の友人から作り方などを教わり、自分らしさを追求した。

「色々と日本式の店を見ても、なにか物足りないんです。雰囲気が違うんです」

店の内外装はとことん「日本」にこだわった。日本に赴き、箸入れや器などを選びぬいた。買いすぎて、飛行機の荷物の超過料金に自分で驚いたという。

小田さんの中で眠っていた「日本アイデンティティ」が目を覚ましたに違いない。日本人のお客さんがくれば、すかさず小田さんのレーダーが働き、色々とサービスをしてしまう。私にも、遠路遥々来てくれたからと、自慢の限定品「一番煎餃（焼き餃子）」を焼いてくれた。とても美味しかった。

私も日台のハーフだ。小田さんとは真逆で、台湾で小学校まで過ごし、その後を日本で暮らしてきた。40代に入る直前に、それまで疎遠だった台湾を訪れるようになり、自分の奥深くにあった「台湾アイデンティティ」がグングンと芽を伸ばし、台湾愛が深まった。

17年目を迎えた小田本舗。

地元だけでなく、本格的な日本の味を食べたいと遠方からやってくる人も多い。

別れ際、小田さんが「ここも日本なんです」と案内してくれたトイレの入り口の壁には、桜舞う晴天にそびえ立つ東京タワーが描かれていた。

## 小田本舗

屏東県南州郷三民路92号
電話 08-864-1267
営業 11:00-13:30 17:00-20:30
（完全予約制、月定休）
https://ramen-restaurant-34.business.site
MAP P.20-21 22

# カニ好き日本人夫とパワフルな台湾人妻

屏東の最南端にある一大リゾート地「墾丁」の入り口に「恒春古城」という街がある。

一年中、春のように麗らかな気候から、「恒春」と名付けられたというが、その昔、至るところに胡蝶蘭が咲いていたため、「瑯《ロン》嶠《キャオ》」と呼ばれてきた。この地に暮らす先住民・パイワン族の言葉で「蘭の花」という意味を持つ。

なんとも美しい名のこの街は、清朝時代に外敵から街と人々を守るために造られた城塞都市で、東西南北4つの城門が、ほぼ当時のままの姿で保存されており、過度な開発も行われていない。のんびりとした雰囲気で、大きさも、ゆっくりと歩いて回るのにちょうど良い。最近は、地元に戻った若者が、景観を壊さないよう、古い建物をリノベしたカフェや民宿が増え、歩くたびに新しい発見があって楽しい。

11月下旬、四重渓温泉に行く前に古城を散策しようと、南門のすぐ傍にある日本料理店「花野井」に宿泊した。

河合賢二さんとりなさん夫妻

日本人の河合賢二さんと、りな（林璘《リンリン》）さん夫妻が営む料理店で、1階が店舗、2階は民宿で3階は自宅になっている。訪れた日は、賢二さんが日本に戻っていたため、りなさんが出迎えてくれた。

浅黒い肌に大きな瞳が印象的で、エキゾチックな顔立ちだ。先住民の血が混じっているのかと聞けば「全くないけれども、恒春に戻ってきてからよく言われるの」と笑っていた。

とても流暢な日本語を話すりなさん。賢二さんと出会い、結婚に至るまでには、なかなかドラマチックなストーリーがあった。

「あいうえお」も知らなかったが、日本のデザインが好き、という思いだけで、高校を卒業し日本に飛んだ。だが行動力だけで夢は掴めない。語学学校に通いながら、惜しみない努力を重ね、日大芸術学部に合格した。

「野球場で公開プロポーズしたのよ！」

大学2年生のとき、りなさんは当時付き合っていた賢二さんに、東京ドームで開催された野球の日台親善試合の場で、求婚メッセージを書き記した横断幕を掲げたという。

台湾人留学生会に入っていたので、せっかく観戦するなら、何かニュースになるくらい面白いことをしようと、留学生みんなで考えた企画だった。賢二さんはその場で「Ｙｅｓ」と答えた。狙い通り、球場での求婚は台湾のニュースとなり、恒春にいた親戚たちは冗談ではないかと大騒ぎになったとか。

りなさんが大学を卒業し、ふたりは結婚した。彼女は服飾関係の貿易会社を始め、賢二さんはサラリーマンとして働いた。ふたりで安定した家庭を築き、マイホームまで購入し、日本で生きていくために描いたロードマップを着実に歩んでいた。

それが、どうして恒春の日本料理屋になったのか。

「砂浜に寝転がって星を見ましょう！　仕事したくなければしなくていい。大好きな海やカニを見られれば幸せでしょ」

東日本大震災が起きた日本での生活を心配したりなさんの両親は、彼女に台湾に戻るよう懇願したという。りなさんも考えるところがあり、海とカニが大好きな賢二さんを説得した。

「外国人が息子を誘拐したと思われているかも……」

賢二さんも賛同したわけだが、彼女の心には、少なからず罪悪感が残っている。

恒春での新しい暮らしは、まるでジェットコースターのようだった。

墾丁の砂浜でのウェディングプランナー、ドラゴンフルーツ栽培、寿司屋などを経て、現在の日本料理店と民宿に落ち着いた。

りなさんの毎日は慌ただしい。ふたりの子宝にも恵まれ、子育ても忙しいというのに、日本で

の町内会長にあたる「里長」に出馬したり、環境保護問題に取り組んだりと、足を止めることなく、走り続けている。

この日も、「ちょっと話を」と始めたところ、お店の営業時間になったが「今日はもう営業しない！」と店の看板を躊躇なくひっくり返し、楽しいおしゃべりは延々と続いた。

店内に貼られていた一枚のポスターが気になった。

――カニの守りができません！　守護者　河合賢二

ちょっと風変わりなスローガンと、白縁メガネに「蟹」の一文字が書かれたオレンジ色のTシャツを着た中年男性が映っている。

「家族よりカニが大事な人なの」

賢二さん自作のポスターだった。

砂浜で子供たちと遊ぶうちに、陸ガニに興味を持ち始めたという賢二さん。りなさんは、カニ研究に没頭しすぎて困っている、と苦笑しながらも、彼の名前が記載された陸ガニの本を見せてくれた。

日本滞在中の賢二さんに会いに行った。

賢二さんは奈良県に生まれ、當麻寺近くを流れる川のサワガニに興味を持ち、水族館が大好きな少年だった。カニの先生になり、カニの聖地・クリスマスアイランドに行くことを夢見て、南国に憧れを持っていた。りなさんと知り合い、初めて屏東を訪れると、田舎のリゾートで独特なアジアの雰囲気を気に入った。

「りなは、日本人の考え方と違う」

台湾人は思いつきで行動しがちだ。何事も先を見て、様子を伺ってから行動する日本人から見れば、暴走しているように映ることも多い。賢二さんは、後先を考えずに突っ走るりなさんを、後方から軌道修正する役割を担っていた。「大変です」と言いながらも、嬉しそうに見える。

「カニの活動は、10年以上も前から頭の中でイメージし続けています。今回も、カニと関連することで日本各地を回ってきました。カニはお腹に卵だけじゃなくて、ちっちゃい子ガニを抱えて運ぶんですよ。さるかに合戦の——」

落ち着いた人に見えたが、カニの話題になると、りなさんに劣らず饒舌になり、止まらない。

りなさんからの公開プロポーズには、「人生面白いのもいいかな」と思ってOKしたという賢二さん。世界でも珍しい陸ガニが多く生息する恒春に導かれたのは、ただの偶然ではなく、運命で決まっていたことなのかもしれない。

## 花野井手創日本料理・民宿

屏東県恒春鎮南門路23号

電話 08-888-2212

営業 11:00-14:00 17:00-21:00（火定休）

https://www.facebook.com/hananoi77

MAP P.20-21 20

# 芸術家夫妻が営むカフェ〈三平珈琲〉

屏東市から車で約30分。潮州の繁華街を抜け、大通りから一本入った空き地と住宅街の間に、手入れの行き届いた芝生とこぎれいに刈り込まれた植木が広がっている空間が現れた。飛石の先には、立派な瓦屋根の白壁土蔵が建ち、中央の入り口には「三」の丸囲み文字が記された四つ割れの暖簾が掛けられている。

台湾最南端の屏東だというのに、まるで倉敷の美観地区に迷いこんだようだ。建物をバックに、来客が次々と写真撮影をしていく。可愛らしい着物姿の女性もいる。

料亭のようにも見える2階建ての店は、屏東で話題のカフェ「三平珈琲」だ。引き戸を開くと、オーナーのＫｉｋｏさんと上野寿江《ひさえ》さん夫妻が出迎えてくれた。

店の雰囲気やコーヒーの美味しさもあるが、人気の秘密は、個性的な夫妻の存在によるところが大きい。

「え、じゃあ東京から来たの？　すごいじゃん！」

流暢な日本語を話すのは台湾人の楊文正《ヤンウェイヂォン》さん。下駄が大好きで、歩くと「キコキコ」と音を鳴らすことから、Ｋｉｋｏの愛称で呼ばれていて、紺色のハン

チング棒と黒縁眼鏡がよく似合っている。

「東京で生まれました。家は千葉県の船橋です」

Ｋｉｋｏさんの横で黒いニット帽をかぶった寿江さんが、目を細めて笑う。

日台夫婦が出会ったのは、台湾から1万キロ以上離れたヨーロッパの国・スペインだった。

「台湾に一緒に来る？ 結婚しないとダメだよ」

スペインで付き合って1年経ったある年のクリスマスに、キッチンでエビフライを作っている寿江さんにＫｉｋｏさんが声をかけた。「えっ、このタイミング……!?」って感じだったけれども、「いいよ」と寿江さんは返した。全然ロマンティックじゃないでしょ、と当時のことを思い出しながらふたりは見つめ合って笑っている。

なぜスペインなのか。

Ｋｉｋｏさんは得意だった数学の教師になった。ところが、教師になったものの、現実と理想の教師像とのギャップに思い悩み、25歳を迎えた1995年、突如スペイン留学を決意した。向かった先は北西部の世界遺産の街・サラマンカ。

「僕はね、前世スペイン人かも！　絵を描いたらみんなに素晴らしい、素晴らしいと言われた」

スペインの文化芸術に触れ、Ｋｉｋｏさんの中で眠っていた才能が開花した。

これまで正式に絵の勉強をしたことはなかったが、陶芸学校に入学し、周囲から認められた。線描画のようで、動植物から人物まで何でも描くが、アジア風の可愛らしくシュールなキャラクターが不思議な魅力を放つ。

「この急須と湯呑み、お皿は全部寿江が作って僕が絵を描いた」

手作りのチーズケーキと日本茶を注文したが、使われている器は夫婦の合作だった。

Ｋｉｋｏさんよりも6つ年上の寿江さんは、手先が器用で、東京のデザイナー学校を卒業し、帽子やスカーフ、傘、靴下のデザイナーとして活躍してきた。バブルで仕事も順調だったが、陶芸をやりたいという思いと、外国生活への憧れから、30代でスペインに行くことを決め、陶芸学校でＫｉｋｏさんと出会った。

「入学式の歓迎会でね、ものすごく有名なサクソフォン奏者が演奏してくれたの」

「ライトも暗くして雰囲気がいいから、僕もすごく期待しちゃうじゃん」

「そうそうそう。そしたらいきなりプーっておならみたいな音でね」

必死に笑いを堪えるふたりは自然と目が合い、意気投合したというわけだ。ツボが同じなのは大切だ。芸術家同士であれば、感覚が似ていることは普通の人よりも敏感に響き合い、共鳴するのだろう。

スペインでＫｉｋｏさんの絵と寿江さんの編みぐるみは大評判となり、展覧会を何度も開いたが、結婚してＫｉｋｏさんの故郷である屏東の潮州で暮らそうと考えを固めた。

そこで誕生したのが三平珈琲だ。

「僕はね、寿江のために創った。寿江も僕のために創った」

ひとりで親戚も家族もいない台湾に来た寿江さんだ。Ｋｉｋｏさんは、寿江さんが寂しくないようにと、彼女の生活の中心となるものを創りたいと考えた。一方、寿江さんはＫｉｋｏさんの夢を叶えてあげたい一心で、三平珈琲の設計をゼロから全て手がけた。

窓ひとつにもこだわりを持ち、畳の小上がりから灯籠を置いた中庭など、設計だけで1年半以上もの時間を費やしたという建物には、彼女の美学がたっぷりと表現されている。

「男の子を産んでいたら絶対に『三平』っていう名前にしていたの」

ふたりの間に子供はできなかったけれども、寿江さんはいまでも欲しいと思っていた。少し声を落としたが、すぐに笑顔を取り戻し、2階に案内してくれた。彼女が作ったカラフルな編みぐるみのネコや、最近始めたステンドグラスランプが並んでいた。

「三平」は「平和」「平順」「平安」の意味を込めてつけた店名だが、ふたりが好きな米沢出身の近代コケシ作家・山中三平にも由来している。

店の向かいの工房には、立派な窯とろくろがあり、互いの作品がところ狭しと並んでいる。机の上に置かれた藍色の縦縞模様の土瓶が目に止まった。持ち手が2個ついていて、使いやすそう。ヘチマをモチーフにした豆皿も気になる。寿江さんがろくろを回し、Ｋｉｋｏさんが絵付けをし

たものだ。買いたくなったが、残念なことに、店内の食器含め、今のところ全て非売品だ。三平珈琲を訪れる来客も、雰囲気や味だけでなく、ふたりの芸術家の作品を楽しんでついつい長居してしまうのだろう。

潮州といえば、タロイモや白玉団子、小豆、ピーナッツなどを煮込んだ温かい具材にかき氷をのせて食べる「冷熱冰」で有名だが、新たな文化を「三平珈琲」が創造し、発信し続けている。

「気が合うことが一番大切。彼女のやることを僕は尊敬している」

「そうね。ふたりで健康でいられることが一番」

すっかり日が沈み、暗くなった道を運転して帰る私を、Ｋｉｋｏさんと寿江さんは肩を寄せ合い、手を振りながらいつまでも見送ってくれた。

### 三平咖啡

屏東県潮州鎮育才路86-1号
電話 08-789-8363
営業 11:00-17:30(火定休)
https://www.facebook.com/sanpeitaiwan
MAP P.20-21 23

# 泊まれる水族館〈国立海洋生物博物館〉

台湾人の魅力のひとつに、柔軟な発想がある。「泊まれる水族館」、いかにも台湾らしい。屏東県車城にある「国立海洋生物博物館」がそれだ。通年のサービスなので、夏休みや冬休みになれば、いつも子供たちでいっぱいになる。

屏東でしか経験できないことだ。早速申し込んでみた。

閉館後の館内に到着すると、ガイドが丁寧に水槽を泳いでいる魚たちを紹介してくれる。縦長の大きな水槽は、海の深度によって生息する魚の種類が異なることがわかる。夕食を挟み、今度はバックヤードの見学。巨大な水槽を真上や裏側から見る。餌やりもでき、子供たちは大興奮。私は、初めてサメの卵が硬い殻でできていることを知って驚いた。

ひと通り解説が終わると、自由時間になる。シャワーを浴びたり、気になる水槽をもう一度見に行ったり、外に出て星を眺めたりして、思い思いに過ごしているうちにいよいよ就寝時間だ。

寝る場所は、申し込み時に、サメやシロイルカ、ペンギンのいる北極など、希望のゾーンを決める必要がある。私は、頭上に魚が泳ぐ姿を眺められる海底トンネルゾーンを希望した。

敷布団と布団、枕がワンセットになった大きなビニール袋を渡され、指定の場所に行き、各自寝床を準備する。これだけでも、なんだか修学旅行みたいでワクワクする。横になると、真上でいろんな種類の魚が忙しく泳いでいた。みんな同じ向きなのに、流れに追いつかず、我が道を泳ぐ魚もいる。ひときわ優雅に泳いでいるのはマンタだ。ポコポコと流れる水の音が心地よい。深夜に目を覚ますと、魚たちも眠たいのか、泳ぐ速度が遅くなっていた。偶然にも、お腹に小判鮫を付けた大型魚がずっと止まっていた。絶対に離れまいと吸盤のようにへばりつく姿が気になって眠れなくなった。

博物館の目の前は台湾海峡だ。翌朝は、ガイドと一緒に潮間帯を散策し、珊瑚礁やヤドカリを探しに出かけた。季節によっては、陸ガニにも出会えるというが、今回は脱皮したものしか見つけることができなかった。

告白すると、あまり動物に興味がない私だが、海底トンネルでの一泊は、まるで海の中で過ごした気分になり、魚と一緒に眠るという非日常は、屏東での忘れ難い思い出となった。

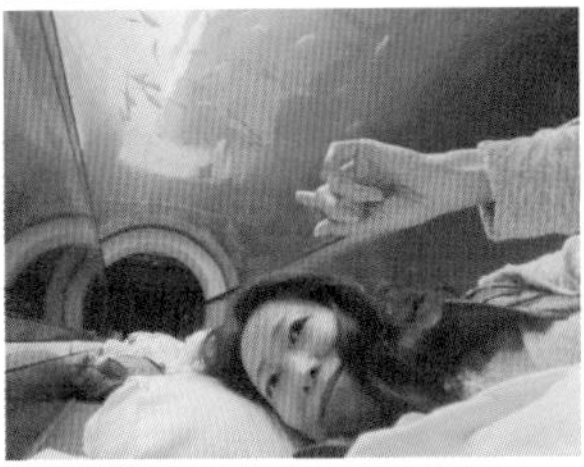

## 國立海洋生物博物館

屏東県車城郷後湾路２号
電話 08-882-5678
https://www.nmmba.gov.tw
MAP P.20-21 47

第3章

# 屏東のなかの「日本」

## 日本の将軍と夢で対話〈東龍宮〉

台南の「飛虎将軍廟」や高雄の「鳳山紅毛港保安堂」など、日本人を主祭神として、台湾人が建てた廟があり、多くの日本人が訪れている。

屏東の枋寮にある「東龍宮」は、明治時代の日本の軍人・田中綱常《たなかつなつね》を主祭神とするだけでなく、田中綱常が憑霊することで、人々の悩みや思いに答えている宮主がいる。日本の「イタコ」に近い存在かもしれない。

怪しげな話だと思いながらも、気になって参拝に出かけた。

シラスで有名な枋寮は、屏東と台東を結ぶ台湾鉄道の南廻線の起点であり、屏東駅から車でも

鉄道でも約1時間の距離だ。路地裏にありながら、屋根に色鮮やかな龍を載せ、朱と金色を基調とした2階建ての東龍宮はひと際目立ち、遠くからでもすぐわかる。

どこからどう見ても、台湾の廟だというのに、入り口横の鳥居や菊花紋章が入った幕など、日本的な要素が不思議と溶け込んでいる。

「私の名前は石羅界。石宮主と呼んで下さい」

境内で優雅に中国茶を淹れる女性が、茶盃を差し出してくれた。この人がイタコか……。いかにも映画に出てくるような裾をひらひらとさせた道教の装束「道袍」ではなく、花柄のブラウスに黒のスカートを履いている。髪をひとつにまとめたイタコに教祖的な威圧感はなく、拍子抜けするほど普通の人だった。

東龍宮の主祭神・田中綱常は、１８４２年に薩摩で生まれた。清国へ漢文学習に派遣されたため、漢文の造詣が深く、台湾とは密接な関係があった。牡丹社事件をきっかけとし、明治政府が台湾に軍隊を派遣した征台の役に加わり、屏東の車城郷・射寮から上陸した。征台の役で亡くなった軍人・軍属の遺骨の移送にも従事し、領台直後の澎湖列島行政長官や台北県知事、総督府民政局事務官を務め、１９０３年に亡くなった。

「私は17歳で結婚し、28歳のときに大きく運命が変わりました」

テレビ番組で、家の近くの日本統治時代の防空壕に珍しいオレンジ色のコウモリがいることを知り、夫や友人と一緒に見に行った日から、体調の変化を感じるようになった。ある日、昼寝をしていると、夢に軍人を率いた田中将軍が現れ、話しかけられるも、彼女は日本語がわからず、将軍は消えた。翌日、将軍は台湾語を話す通訳を連れ、再度姿を見せた。将軍は「1週間以内に大きな交通事故が起きるので、早く車を家に戻しなさい」と言い残し、去っていった。

当時、石宮主は社交ダンスを教えながら、夫とレンタカー会社を営んでいた。半信半疑で夫に連絡し、貸し出し中の3台の車を呼び戻そうとしたが、1台だけどうしても捕まらなかった。その借り主は、高雄で新聞に掲載されるほどの人身事故を起こした。

以来、田中将軍は幾度となく石宮主に予言を託し、彼女の危機を救ってくれたが、同時に、石宮主とは全く関係のない人たちに関する言付けも預けた。

「私は人から気が狂ったと思われたくなかったから、田中将軍から何を言われても、取り持つことをせず、無視しました。すると――」

石宮主はひとつ大きなため息をつき、視線を宙に泳がせ、再び口を開いた。

「私の人生には、空白期間が9カ月あります」

ある日、突如彼女は自分を殴りながら、「ごめんなさい」「私が間違っていました」の言葉だけを繰り返すようになった。それ以外の記憶は一切ない。我に返ったときは、9カ月もの月日が流れていたというのだ。

現実なのか、夢物語なのか判断がつかずにいる私に、石宮主は「私も主人も無神論者でした、でも本当に起きたからこの東龍宮があるのです」と諭すように話してきた。

彼女は夫や子供のことがわからなくなるほど精神を病み、半ば廃人のような状態が続いた。彼女が田中将軍の言うことを聞き入れないため、怒った田中将軍に魂を連れ去られた、と理解している。

「田中将軍には使命があったのです。前世の因縁から、私に使命を託し、救世――人々を苦しみや不幸から救済させたいのです」

石宮主は、夢に現れる将軍に向かって「日本鬼子！」「日本に帰れ！」と何度も台湾語で怒鳴りつけた。それでも、苦しい思いを経験し、最後には仏門を叩いて受戒を受け、霊媒師や道教の修行も行ない、田中将軍を受け入れることを決断した。

東龍宮の建築様式や装飾などは全て田中将軍の指示に従って建てられた。

煌《きら》びやかな祭壇の中央には、軍服を着て、八の字の口髭を生やした穏やかな表情の田中将軍が座っており、両側に台湾出兵と関係した軍服姿の乃木希典将軍と北川直征将軍、和服を着た中山奇美と良山秋子従軍看護師が並んで祀られている。

廟の1階には、田中将軍の生い立ちや、日本での墓碑の写真などを展示した「田中綱常記念館」がある。

石宮主がまだ母親のお腹にいるとき、占い師に「家に財をもたらす男児」と診断された。産まれてくると、結局男児ではなく女児で両親は落胆したという。13歳のとき、家の畑で雷に打たれ、

田中綱常将軍

高熱を出して4日間寝たきりとなった。その後、普通の人には見えないものが見えるようになった、という。

「道端に倒れている人や、知らない老人が見えるようになったのです」

周囲の人に話しても、その存在を見た人がおらず、話が通じない。ようやく、彼女は自分が見てきたものが幻覚や幻聴でもなく、あの世の霊であることを認識した。

信じるか、信じないかは個々人の判断に任せたい。ただ、石宮主は、30年近く田中将軍の言葉を真摯に受け入れ、お参りに来る人々を助けてきた。自分の家庭を犠牲にしなければならないことも多々あったという。生半可な気持ちではとうてい成し得ない。

２０１７年、田中将軍の子孫が東龍宮を訪れた。自分たちのご先祖様が台湾で神格化されていることに驚いただろう。噂を聞きつけ、日本から参拝に来る人も増えている。

「私から田中将軍を探しにいくことはありません。いつも田中将軍が私の前に現れるのです」

解決策がある場合は、将軍が彼女の前に姿を現し、言付《ことづ》ける。将軍から何かを頼みに現れることもある。

石宮主に「亡くなった私の両親に聞きたいことがある」とお願いした。石宮主はペンを出し、紙に父と母の出生年月日と名前を書き、祭壇の前に立ってぶつぶつと唱え始めた。

「……はい、お願いします」

長年、田中将軍と話してきたので簡単な日本語を理解できる。しばらくして、田中将軍が私の父の意志を石宮主に伝えようと現れた、という。

「いま、将軍が教えに来てくれました。お父様はやりきれない思いをたくさん抱えてこの世を去りました。自分の肉親に対して許せないことがあるはず。……無慈悲な親だったとも。生前、多くのプレッシャーがあり、うつ病になってしまったのでは。お父様は才能溢れる人でした」

石宮主に私の父について多くを話した覚えがない。父について正確に語っていた。以前、青森・恐山のイタコに父を口寄せしてもらったことがある。その時も、同じようなことを言われた。

あの世は確かに存在し、石宮主のような特殊な者が、死者の霊とこの世を繋ぐことができるのだろうか。

「日本に戻ったら、お父様のご霊前にお爺様、お婆様はもうお父様を許していることを伝えなさい。さもなければ、お父様の霊魂は未だ病を持ったまま彷徨い続け、救い出せなくなってしまいます」

石宮主の声が、立ち去ろうとする私の背中に響く。

なんだかひと夜の長い夢を見ているようで、ふわふわとした気分に包まれながら東龍宮を後にした。

**東龍宮**

屏東県枋寮郷隆山村僑徳路199号
https://www.facebook.com/toryokyu
MAP P.20-21 26

## あなたも「鉄道迷」に!?〈南廻線〉

鉄道ファンにとって台湾の鉄道は魅力的なところだ。蒸気機関車やディーゼル機関車、扇形車庫、木造駅舎など、台湾に残る鉄道遺産に日本の懐かしい姿を重ねることができるからだろうか。多くの鉄道ファンがわざわざ日本から鉄道目当てに訪台している。

台湾にも鉄道ファンはたくさんいる。中国語で「ファン」は「迷」と書くので、鉄道ファンは「鉄道迷《ティエダオミイ》」になる。

ある日、私が屏東にいることを知った台湾の鉄道迷から「南廻線に絶対に乗るべき!」とSNSでメッセージをもらった。南廻線とは、屏東の枋寮駅から台東の台東駅をつなぐ、総長97・15キロの台湾鉄路だ。

私は鉄道迷ではないが、数年前、台湾一周の鉄道の旅をした際に乗ったことがある。あまり乗り気にならないでいると、今度はこんなメッセージがきた。

「2021年の秋から始まった観光列車『藍皮解憂号』です。大人気でなかなか予約が取れないチケットです」

こういうときの台湾人は本当に勝手……いや、親切だ。乗車券まで手配してくれた。乗らないわけにいかない。

台湾の鉄道は、日本統治時代の１８９９年から本格的な建設が始まった。台湾総督府は、台湾統治の成功と近代化のため、鉄道整備を急ぎ、１９０８年に台湾の北部・基隆と南部・高雄を結ぶ縦貫鉄道を完成させた。次いで、軽便鉄道規格の花蓮から台東を結ぶ台東線や阿里山森林鉄路も作り、最終的には、台湾を一周できる「環島鉄路」にする計画もあったが、資金と資材不足で終戦を迎えた。

戦後、台湾政府が鉄道整備を進め、１９８０年に宜蘭と花蓮を結ぶ北廻線、１９９１年に屏東と台東を結ぶ南廻線を通し、ようやく、鉄道で環島ができるようになった。

２０２０年の年末、南廻線が電化された。一度は引退したディーゼル機関車が牽引する旧型客車が、観光列車『藍皮解憂号』として復活したため、「鉄道迷」の注目を集めた。『藍皮解憂号』という名称には、車体が青色であることと、列車に乗って「憂さを晴らす」という意味がこめられている。運行は日に1往復。私が乗った時は、10時30分に枋寮駅を出発し、3時間後に台東駅に到着。13時53分に折り返し、17時41分に枋寮駅に戻った。行きと帰りでは、それぞれ5駅に停車し、途中

下車や片道だけの利用ももちろん可能だ。

ツアー参加者は、出発駅・枋寮で列に並び、ガイドの解説を聞くためのイヤホン、記念乗車券などをもらい、指定された号車に乗り込む。客車の客席は、対面タイプのものやベンチシートのように横一列並びのタイプがある。どの客車になるかは、乗るまでわからない。

客車に「35SPK32700」と表記されている。1970年に、新潟鐵鋼所、近畿車輛、富士重工業（現SUBARU）の3社から購入した日本製の車両だとガイドさんが話す。客車内部はグリーンを基調とし、シートは新しく張り替えられ、トイレは循環式から真空式へと改良されていて快適だ。天井にはレトロな扇風機が残っている。列車が動き始め、乗客が一斉に窓に両手を伸ばし上に押し上げると、進行方向から青臭さを帯びるひんやりとした外気がブワッと流れ込み、気持ちがいい。

出発すると、左右一面に赤い花を咲かせる木々が見えてきた。屏東の特産品・マンゴーの花だ。

「ここからトンネルが続きますので窓を閉めてください。景色は真っ黒になるので、お弁当にぴったりな時間になります」

ガイドのアナウンスと共に、車内の照明が落とされ、駅弁とフルーツが配られた。台湾駅弁を代表する「排骨便当《パイグービィエンダン》（豚のスペアリブ弁当）」だ。鉄道旅行に駅弁——鉄板の組み合わせに思わず顔がほころぶ。シートを向かい合わせにして美味しそうにお弁当を食べる家族がいた。まだ幼かったときに、旅行で家族や親戚と電車に乗ったときの懐かしいひとコマに重なった。

南廻線には、158カ所の橋梁と35カ所ものトンネルがある。中でも、中央山脈を貫く長さ8070メートルの中央トンネルは、6年以上の工期をかけて掘り進められた最大の難所だった。カーブが多く、電車の揺れが激しい。南廻線が台湾全体で最後に開通したのは、地形によるところが大きいことを実感させられる。

乗車してから約1時間。いつしか列車は台東に入り、大武駅にさしかかると、いよいよ南廻線のハイライトだ。目が痛くなるほどの鮮やかな空に美しいグラデーションの太平洋が現れ、

誰もが我先にと窓から身を乗り出す。線路は海際ギリギリに敷かれている。海上を走っているような気分だ。「台湾で最も美しい駅」と呼ばれる「多良駅」を通過し、終点の台東駅に到着した。

途中の停車駅では、ガイドが駅舎の特徴や周辺の景勝地を事細かに解説してくれる。停車中の時間を有効に使い、名物の釈迦頭（バンレイシ）やマンゴーを購入する人もいるらしい。

気がつくと、3時間の列車の旅で100枚以上もの写真を撮っていた。

鉄道の旅は、やっぱりどこか胸躍る。特に日本時代からの列車ともなれば、作り手のことや、乗車した人々の思いを感じずにはいられない。どうやら私もすっかり「鉄道迷」に仲間入りしていた。

ガイドが、屏東市の近くで、廃線になった鉄橋を歩けると教えてくれた。高雄と屏東の県境を流れる高屏渓に架けられた「高屏旧鉄橋（下淡水渓鉄橋）」だ。

縦貫鉄道が開通した後、高雄の人々と軍用物資を屏東に運ぶために支線を敷設する必要が生じた。高屏渓に鉄橋を架けなければならない。台湾で2番目に長く、とても急峻な高屏渓だ。工事は難航し、3年の月日をかけてやっと1913年に完成した。全長1526メートルの単軌鉄道で、当時は東洋一の大鉄橋を誇り、遠くから見ると、虹のように美しいと称賛されたとか。

歩道として整備された鉄橋の上からの眺めは実にいい。鉄橋の間に県境があり、高雄と屏東に片方ずつ足を置いてみた。電化で新設された橋の上を、電車が通過していった。

歩道が設けられている「高屏旧鉄橋（下淡水渓鉄橋）」

2023年1月、屏東に鉄道関係の施設「潮州鉄道園区」がオープンした。敷地面積52ヘクタールもある台湾南部最大の鉄道車両工場「潮州機廠」の一隅にできた、鉄道をテーマとした文化施設だ。

見どころは、台湾で唯一現存する漆黒の大型貨車50D型車両。1942年に台湾鉄工所で作られ、日本には現物が残っていない珍しいものだ。

鉄道文物館では、台湾の鉄道の歩みを紹介するほか、1928年と1936年製の輪軸やタブレット閉塞器などが展示されている。日本統治時代のブループリント（車両設計図）もあり、三井物産や住友商事が発注元で

あったことや、1970年代に日本向けのバナナを輸送した際に使われていた貨物車のことなどがわかって興味深い。

屋外には、1929年から2000年までの各種車両の実物が展示されており、中に入ることができる車両もある。幼稚園児の一団がいた。引率の先生と一緒に、楽しそうに汽車を眺め、集合写真を撮っていた。

予約制だが、潮州機廠の維持修理の様子も見学が可能だ。近い将来、園区内に宿泊施設も誕生するという。鉄道を切り口に、屏東を楽しむ選択肢が増えている。

## 藍皮解憂號

各旅行会社(Lion Travel、KKdayなど)から予約

## 高屏舊鐵橋(下淡水溪鐵橋)

高雄市大樹区竹寮路から屏東県屏東市堤防路一帯
https://view.boch.gov.tw/NationalHistorical/ItemsPage.aspx?id=71
MAP P.20-21 21

## 潮州鐵道園區

屏東県潮州鎮光復路461号
電話 08-780-6555
営業 9:00-20:00
https://chaozhourailway.mystrikingly.com
MAP P.20-21 24

# 日本人が植えたコーヒー〈屏東珈琲園区〉

私はコーヒーより断然お茶派だ。お茶の味なら少しはわかるが、コーヒーはさっぱりわからない。日本のカフェでも肩身の狭い思いをすることが多い。

ところが、台湾では違う。ドリンクスタンドで売られているのはお茶ばかり。烏龍茶から高山茶、包種茶と種類が豊富で、タピオカやフルーツのトッピングもあり、組み合わせは無限。お茶大好きな私にとっては天国だ。

しかし最近、気になっているのがＭＩＴ（メイドイン台湾）のコーヒーだ。

知り合いから、こんな話を教えてもらった。

「屏東的『嵐《ラン》』咖啡。聽說那邊都是從日本時代留下來的咖啡樹（屏東の『嵐』カフェよ。あの辺のコーヒーの樹は全部日本統治時代に残されたものみたいよ）」

にわかには信じがたかったが、屏東のコーヒーが日本統治時代と密接な関係があったことに俄然興味を覚えた。

屏東の泰武《たいぶ》が台湾一のコーヒー有機栽培面積を誇り、良質なコーヒー豆を産出することで知られるようになったのは、ここ10年のことだ。パイワン族が暮らす吾拉魯滋部落《ウーラールーズーブールゥオ》の「屏東珈琲園区（屏東コーヒーパーク）」まで足を伸ばした。

「ここに暮らしている人は大体コーヒーを栽培しています」

屏東コーヒーパークで働く陳《チェン》さんが教えてくれた。日本統治時代、泰武にある中央山脈最南端の山・北大武山でもコーヒーは栽培されたが、野生化し、放置されてきた。冬眠から目覚めたのは、2009年の八八水害がきっかけだった。

「私たちは北大武山の泰武村で暮らしていましたが、大きな被害を受け、部落ごと山の麓に移住し、新たに『吾拉魯滋部落』として再出発しました」

　山の上と麓での生活様式は大きく異なる。途方に暮れた部落の人々は、日本統治時代から北大武山の至る所に群生しているコーヒーの樹に着目し、政府や企業の補助を受け、コーヒー栽培を始めた。

「みんなコーヒー栽培をしているの。コーヒーを飲まなかったお年寄りまでコーヒーを飲むようになり、今ではコーヒーが部落の代名詞となりました」

　大変なことがたくさんあったはずだ。でも、陳さんは穏やかに話を続ける。

「元々部落があった山の上には、日本人が植えたコーヒーの樹がたくさんあります。有名な『嵐』カフェもありますよ」

　日本統治時代に植えられたコーヒーの樹を見たい。嵐カフェも気になって仕方がない。行動力

だけが取り柄の私は北大武山の店を当てずっぽうに電話し、道案内をしてくれる人を探し出した。

日本統治時代のコーヒーの樹を見せてくれるという傅《フー》さんの店「大武山景観咖啡広場」を目指し、屏東市から東南方向に車を約1時間走らせる。山道に入ると、パイワン族の部落らしい色鮮やかな蛇や太陽をモチーフにした壁画が現れ、標高600メートルにある目的地に着いた。

傅さんは、道に詳しい元警察官で山岳救助隊の徐《シュ》さんも呼んでくれていた。徐さんの運転で軽トラの助手席に私が座り、傅さんは草刈機と一緒に荷台に乗り、いざ出発。

15分くらい進むと、「大武山之門」と書かれた石碑が見えてきた。標高3000メートルを越える北大武山の登山口であり、元の泰武部落があった場所だという。この先から急に道路幅が狭く未舗装の道となり、秘境っぽい雰囲気が漂い始める。

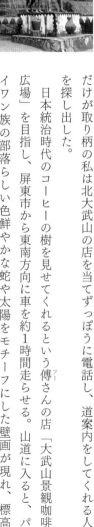

「道の横に生えているのは大体2007年から植え始めたコーヒーの樹だよ。もう少し上の原木から増やしていったものだ」

「え！これ全部？」

他の樹木に混ざって、コーヒーの樹が雑草のように乱生していた。紅い実をつけたものもある。部落の人たちが、日本統治時代に植えられたコーヒーの原木から苗木を作り、植えたものだった。一部の樹には、害虫トラップの紅い筒が吊り下げら

コーヒーの樹を一緒に探してくれた傅さん（左）と徐さん（右）

れていた。至るところにコーヒーの樹があるので、まるでコーヒーの山のよう。道端に真っ赤な可愛らしい祠が建っていた。祠の先の行き止まりに、木造の廃屋が佇んでいた。

「日本時代は派出所だった建物だよ」

派出所といっても、立派な一軒家だ。終戦後は、先住民が住居としていたが、約20年前に亡くなり、主人を失った建物は、壁が剥がれ落ち、窓ガラスも割れ、一部は草木に覆われ始めていた。

「子供のころは、学校が終わるとここに来て友達と遊んでいたさ」

徐さんが懐かしそうにあたりを見回す。

中に入ると、ベッドや机、椅子などが残っていて、生活の痕跡が随所に見られた。祠は、この家の主人を記念して、部落の人が建てたものだった。

曲がりくねった山道は、いつの間にか標高千メートルを優に超え、外気がひんやりとしてきた。徐さんが再び車を止めた。指さした先に、日本統治時代に植えられ野生化したコーヒーの原木が、ジャングルのように生い茂っていた。

こんな山奥に、かつて日本人が家を建て、コーヒーを植えていた。不思議な感覚に包まれながら、眼下に広がる一面のコーヒーの樹を見つめた。そよ風に吹かれ、夕日に照らされた葉が黒々と光っていた。

昭和7年発刊の台湾総督府中央研究所農業部編纂「台湾農家便覧」によれば、台湾のコーヒーは、清朝時代（明治15年）にイギリス人によって三峡に初めて植えられたが、日本統治時代の1902年に、屏東の恒春熱帯植物殖育場で本格的な試験栽培が始まり、顕著な成績を挙げた。

特にアラビカ種の品質が良く、総督府奨励の下、日本からの移民や台湾人も積極的に栽培し、日本に輸出され、大正天皇や明治天皇にも献上された。終戦後、日本人が去り、コーヒーの生産量は一気に減ったが、最近、第三次ブームが巻き起こっている。

ＩＣＯ（国際コーヒー機関）の統計では、2018年以降、台湾人のコーヒー消費量は毎年1・6％成長しており、2021年度はひとり当たり年間122杯ものコーヒーを飲んでいた。国民の4割が、1日に1杯以上のコーヒーを飲んでいる計算だ。

帰りがけ、話題の嵐カフェに行きたいと話すと、徐さんの甥の店だとわかり盛り上がった。

嵐カフェは、エーゲ海のリゾート地に建つ家のような、白い建物に青い屋根の建物で、周囲の先住民部落とは一線を画す瀟洒な存在だ。パイワン族で店主の許鎧琳《シュカイリン》さんは、台北で仕事をしていたが、2013年、33歳で故郷・泰武にUターンした。部落の人たちに刺激されて自分でも

コーヒーの植え方から精製、焙煎などを勉強し始め、コーヒー農園を作り、店を開いた。2020年に東京で開催された台湾地方創生展ではMITコーヒーとして、嵐カフェが参加した。

店名は、奥さんの傅雅嵐《フーヤーラン》さんの名前から一文字取ってつけたものだった。雅嵐さんは「こんなところでカフェを開くとは思ってもいなかった」と苦笑しながら、入り口横の扉を開けてくれた。ダウンを着込み、一心不乱に豆の選別を行う茶髪の許さんの姿が見えた。許さんのように、離れた故郷に再び戻り、コーヒーに携わる仕事を始める若者は年々増えているようだ。

日本人が持ち込んだコーヒーが、部落の危機を救い、屏東を代表する産業になろうとしている。

飲んだコーヒーは、苦味よりも酸味が強く、鼻の奥にほんのりと甘さを残した。

### 屏東咖啡園區

屏東県萬巒郷大武山1街5号

電話 08-783-7131

営業 9:00-18:00

https://pingtungharvest.mystrikingly.com/5

MAP P.20-21 29

### 嵐咖啡

屏東県泰武郷潭村老潭巷5号

電話 08-792-0240

営業 13:00-21:00（月火水定休）

https://www.facebook.com/people/泰武-嵐-café/100057690420142

MAP P.20-21 31

# 第4章

# 歴史を知り、未来を考える

## 最後の聖道〈阿塱壹古道〉

屏東で最も行きたかった場所のひとつが「阿塱壹古道《アーランイーグーダオ》」だった。

阿塱壹古道は、牡丹郷旭海村から台東県達仁郷南田村までの約8キロを繋ぐ、台湾で最も美しい海岸線沿いの古道として知られている。自然保護区に指定され、歩くには1日300人の人数制限が設けられている。そして必ずガイドを同行しなければならない。春や秋のベストシーズンに訪れたいなら事前の予約が必須だ。

11月下旬、屏東はまだまだ暑い。私は半袖にスパッツ、短パン、スニーカーを履き、旭海村の民宿「左岸」を出発し、ガイドに指定された古道の入り口に向かった。しばらく待っていると、後ろからよく通る男性の声が聞こえてきた。

「妳嗎？（あなたですか？）」

サングラスをかけた真っ黒に日焼けした中年男性だ。なかなか恰幅がいい。ネームプレートに楊正華《ヤンヂォンフア》と記されている。ちょっと強面の彼と一対一で歩かなければならないのか……。躊躇していると、いきなり携帯を渡すように言われた。

「幫妳拍紀念照（記念写真を撮ってあげる）」

慣れた手つきで「阿塱壹古道」と書かれた看板の前で写真を撮ってくれた。悪い人ではなさそうだ。スタスタと歩きだすので、慌てて後を追う。

目の前に「瑯嶠卑南古道」の標識が現れた。

実は、阿塱壹古道は清朝時代に屏東の恒春から満州郷を通り、台東県に向けて切り開かれた全長118キロの「瑯嶠卑南古道」の一部分だった。一帯は先住民が多く住む地域。公道ができるまでは、恒春から台東までの唯一の生活道路として、多くの先住民が牛を連れて歩いてきた。

1933年に出版された日本語の『東臺灣展望』という書籍がある。筆者の毛利之俊は、東台湾新報の記者で、カメラマンを携え、東台湾の花蓮と台東に約1年半長期滞在し、各地の景観や学校、派出所、先住民などを記録した。多くの写真と共に、文化や歴史、風習も紹介するガイドブックのような一冊だ。

その中の阿塱壹古道がある台東の大武支廳の章で、こんな記述を見つけた。

道！道！　之こそ全てを解決すべき生命線であり根本條件ではないか。従来海岸に沿ひ南北に貫通する不完全なしかも唯一本の生命線があったが、遂に督府當局も之も認めたか昭和八年度豫算中に之を自動車路とすべき工費を盛った。……（中途略）十七里の海岸には船の寄るべき港一つも有たぬ有様である。廳下随一の貧乏にして全ての施設に恵まれぬ支廳、それは此大武である。

出入り口に立つ監視員から身分証を求められ、名簿との照合を求められた。いよいよ阿塱壹古道のスタートだ。

間もなく海岸線に出た。海岸線といっても、想像していた砂浜ではなく、たくさんの丸い石がころがっていた。手にひとつ取り眺めていると、数千年もの長い月日の間、風や波にもまれてできた形の礫石であり、岩壁は砂が固まってできた岩層だと、楊さんが教えてくれた。

海岸線から少し内側の道に入っていくと、どうも様子が違う。

未開発の原始林が広がる古道だと聞いていたのに、車が楽に通れる立派な道が続いているではないか。

「80年代から90年代にかけ、海老の養殖が盛んに行われていた場所だ。養殖業者が住み、輸送用の車を通す産業道路ができたんだ」

楊さんは、最近まで人が暮らしていた痕跡だと、レンガの壁に後から植えられた竹や椰子の木を指差した。

無骨な楊さんは、博識で気が利く人だった。

産業道路から再び海岸線に戻ると、古道唯一の砂浜地帯に出る。楊さんが、小さな穴がたくさん開いた軽石を私の手のひらにのせてくれた。海底火山の噴火によって漂着したものだった。そういえば、石垣島などの先島にも、大量の軽石が漂着したニュースを見た。台湾と日本が近いことを実感する。

海は世界中のものを運んでくる。

ペットボトルやプラスチックの浮きのようなものが打ち上げられているのを見つけた。「衣夫山泉」や「浙江」など、中国大陸で使われている簡体字の漢字と地名が書かれていた。

断崖絶壁にかけられたロープに手を伸ばしよじ登る。頂上に台湾ナツメヤシが生えていた。塩分に強い上に、水や土をほとんど必要としないことから、氷河期から生き残ってきた「植物界の生きた化石」と呼ばれている。

古道のハイライト「観音鼻」が見えてきた。

海岸沿いに歩ける道はないので、海抜約１２０メートルの観音鼻の最高地点を目標にするしかない。

「階段状に並んでいる木は全部この辺の漂流木で、俺らの手作りさ」と楊さんの息が上がっていく。かなりきつい斜面だ。ガイドたちが階

段を作り、両側に手すりとなるロープを張って整備してくれたおかげで、安心して登れる。

ひたすら階段を上がっていくと、汗が吹き出し、疲れもピークを迎えたタイミングで、昼食に適した木陰が広がっていた。私も、リュックに入れていたお弁当の蓋を開けた。地元の特産品を使ったお弁当だ。タロイモやスペアリブ、卵の他に、見慣れない緑の葉に包まれた長方形のものが入っていた。

「吉拿夫（ｃｉｎａｖｕ／チナブー）だよ」

初めて聞く名前だった。先住民が食べるチマキの一種で、外観は日本の高菜や野沢菜で包んだ俵型のおにぎりのよう。ルリホオズキの茎と葉で包まれた外皮を外すと、ツヤのあるもう一層濃い緑色の葉が現れ、ひと口かじってみた。葉の香りがふわっと鼻を通り、米やアワに塩漬けした肉と芋を混ぜた具材がほんのりと甘い。

「おいしい！」と日本語で声をあげると、楊さんは笑いながら「こんにちは。スリッパ、トラック、テレビ、ありがとう、おいしい」と答えた。日本語は話せないけれども、親戚からよく聞いていた単語はわかるという。

昼食を終え、観音鼻を下っていくと、眼下にエメラルドグリーンからコバルトブルー、紺碧へと深みを増す太平洋が広がり、吸い込まれそうになる。

ゴールまでの海岸沿いは、黒い石に白い模様が入った丸い石で埋めつくされていた。名物の「南田石」だ。波の押し引きで、南田石は転がりぶつかり合いコロコロと音を立てていく。

ザザ～ン　コロコロコロ　ザザ～ン　コロコロコロ

波の音を聞きながら、楊さんは、阿塱壹古道は生活道路だけでなく、血と涙に染まった道でもあったことを語り始めた。

昔、台東の知本に暮らすプユマ族が、同じく台東の南王に暮らすプユマ族に迫害を受け、阿塱壹古道を通り南の恒春に移動した。彼らは南王からだけでなく、付近のパイワン族からも襲撃をうけ、命を落とした。もっと大昔、恒春に入植した漢民族によって棲家を奪われたマカタオ族は、阿塱壹古道を通り山奥へと移住しようとした。追っ手から殺害されたり、断崖絶壁から足を滑らせたりして、夥しい数のマカタオ族が亡くなったという。

過去の記憶を忘れないようにと、古道が泣いているように聞こえてきた。

地図上で、沿岸を走る省道の台26線をなぞっていくと、ある部分で道がプツンと切れていることがわかる。台湾を車で一周しようと思っても、道路のない空白地帯——阿塱壹古道——が確かに存在している。

阿塱壹古道が残されたのは、生態系を崩さないようにと、環境保護団体が声を上げた結果だ。一方で、空白地帯のせいで、直線でわずか8キロ足らずの距離を1時間以上かけて迂回路を運転しなければならない。道が繋がることで観光開発が進み、経済的にも潤うことを期待していた周辺住民も少なくない。利便性を取るか、自然を取るか……。開発と保護は常に相反するものだが、阿塱壹古道の周辺住民は語り部となり、過去を今の人に伝え、未来に繋ぐことを決めた。

実は楊さんは、南田村の隣村「森永」の現役村長だった。森永――日本人に馴染みのある名前に驚くと、由来にはふたつの説があるという。

ひとつは、日本時代、森永製菓の創業者・森永太一郎が屏東でカカオ栽培を進めるため「森永台湾殖産会社」を設立した名残りという説。もうひとつは、キニーネやコーヒー、茶葉の農場を経営する「森永星奈園」があった名残りだという説。

どちらにしても、日本と関係していたことは確かだ。

在祖父的祖父的祖父之前（祖父の祖父の祖父のそのまた祖父よりも昔）
在日本人和漢人都沒有來到之前（日本人や漢人がやってくるよりも昔）
在西班牙人和荷蘭人還沒有想到來找錢之前
（スペイン人やオランダ人が金儲けにやってくるよりも昔）
在沒有被人叫做生番或熟番之前（人が生番や熟番などと呼ばれるよりも昔）
那條路，那條阿塱壹，那條男人走的路（男たちが歩いた、あの「阿塱壹」という道）

就已經在那裡了（それはすでにそこに存った）

歩きながら、かつて古道の保存運動にも力を入れた前出の詩人・張暁風が作った詩をゆっくりと噛みしめた。

実は村長で博識なガイドの楊さん

## 阿塱壹古道の申し込み方法

旅行会社（KKdayやKlookなど）
屏東県政府
https://www.i-pingtung.com/along-trail

## 民宿 左岸

屏東県牡丹郷旭海路1-3号
電話 0931-942-126
http://www.5658.com.tw/0931942126
MAP P.20-21 32

# 秘湯を楽しめる〈旭海温泉〉

阿塱壹古道の屏東側の入り口は旭海村にある。

旭海村には政府系研究機関の国家中山科学研究院が管理する九鵬基地があり、観測ロケットの打ち上げや砲弾射撃訓練が行われてきた。長年、民間人の立ち入りを厳重に取り締まってきた軍事管制地区の「秘境」だった。1987年の戒厳令解除後、初めて旭海村に通じる国道の「台26線」が一般開放され、観光客が旭海村に出入りできるようになった。観光開発はあまり進んでおらず、宿泊施設は簡素な民宿やキャンプ施設がほとんどだ。

飲食店も限られていたが、旭海の特産・伊勢海老を思い切り堪能できる店「旭海紅牌海鮮店」があった。空腹を満たしてから、清朝時代に発見されたという極上の温泉に入った。日本統治時代から続く公衆浴場「旭海温泉」だ。敷地内には牡丹小学校の旭海分校の校舎が建っている。2006年に廃校となり、校舎をビジターセンターとして活用している。小学生がいたころは、昼休みに温泉に入り、髪の毛に泡をつけたまま授業に出ていた子もいたという。なんとものどかな話で羨ましい。

公衆浴場には、水着を着て入る露天風呂と、服を脱いで入る内風呂がある。せっかくだから内風呂に入った。源泉の小さい浴槽と、加温された大きい浴槽があり、孫を連れたおばあちゃんが気持ち良さそうに温まっていた。仕事を終えた地元の人たちが、ひと風呂浴びて洗面道具を抱え

て帰る姿は、日本の銭湯によく似ている。個室型の浴室もあるので、家族でも利用しやすい。ちなみに、温泉施設は他にも2つあり、最近できたばかりの「旭海温泉休閒中心」と超高級温泉ホテルの「旭海牡丹湾Villa」がある。

たどり着くまでひと苦労する場所だが、その分人は少ない。弱アルカリ性炭酸泉のトロトロ源泉かけながしをゆっくりと楽しめる秘湯であり、温泉ファンならぜひ足を運んでほしい。

### 旭海溫泉

屏東県牡丹郷旭海村旭海路99号
電話 08-883-0365
営業 14：00-21：30(月～金)
13：00-21：30(土)
9：00-19：30(日)
9：00-21：30(連休中)
MAP P.20-21 33

### 旭海紅牌海鮮店

屏東県牡丹郷旭海村東海路47-8号
電話 08-883-0583
営業 9:00-16:30(月～木、日)
9:00-17:00(金)9:30-19:00(土)
https://www.facebook.com/XuHaiHongPaiHaiXianDian
MAP P.20-21 34

# 日本海軍航空隊を偲んで〈大鵬湾サイクリング〉

私は自転車に乗る。いわゆるサイクリストである。

自転車で台湾を一周する「環島」のイベントに参加して以来、すっかりハマっている。歩くより少し早く、自動車よりゆっくりのスピード感が心地よい。気になったところにさっと立ち寄れる便利さもよい。何より、風や音、匂いを全身に受けながら、自然との一体感を楽しめる。

台湾は自転車大国だ。ジャイアント、メリダといった世界的なメーカーがあるだけでなく、国の政策として、自転車に乗ることを推奨し、サイクリストが安全に走れる自転車道の整備を積極的に推し進めている。屏東にも、いくつものサイクリングロードがあるが、台湾十大サイクリングロードに選出された東港の「大鵬湾環湾自行車道（大鵬湾サイクリングロード）」を走ってみた。

自転車は、大鵬湾国際レジャー特区の入り口にあるレンタサイクルショップ「大鵬湾単車站」で電動アシスト付きを借り、右回りに全長約16キロの自転車旅のスタートだ。

大鵬湾は潟湖で、一帯は湿地帯となっており、魚の養殖が盛んに行われている。日本統治時代は「大潭」という名称で、周囲には「大潭路」や「大潭湿地」など地名の名残がある。牡蠣の養殖場として栄えてきたが、1940年に日本海軍航空隊が水上機場と潜水艦基地を建設し、一帯が整備された。

車道から完全に切り離されたサイクリングロードは安心して走ることができ、至るところに看板も立っているので道に迷う心配がない。

「落日湾（Sunset Bay）」——素敵なネーミングの場所を見つけた。湾に突き出るようにデッキが伸びている。夕日を眺めるのに絶好のスポットだと想像するが、正午近くに通ったので、水面に太陽が反射してまぶしい。少し先には、木製の屋根を持つ橋があり、映画「マディソン郡の橋」に登場した橋によく似ていることから、台湾版マディソン郡の橋と呼ぶ人もいる。

自転車を停め、船やヨットを眺めながらひと息つく。横に見えた漁船は、大鵬湾で養殖している牡蠣を収穫するための船だった。

いよいよサイクリングロードのハイライト「鵬湾跨海大橋」に差し掛かる。潟湖唯一の海への入り口に架けられた全長579メートルの可動橋だ。船舶の出入りに合わせてわずか2分で75度開閉するのは、東京の勝鬨《かちどき》橋によく似ている。帆船のようなデザインと、斜めに張られた黄色のケーブルが特徴的だ。ちょっとした上り坂だが、電動アシストの助けを借り、橋の頂上まであっという間に進んだ。

再び湿地帯と養殖池を横目にペダルを回し続け、ゴール！途中、ちょこちょこと寄り道したり、写真も撮ったりしながら、約1時間半のサイクリングを楽しんだ。

サイクリングコースとしては、橋の上り以外はほぼ平坦なので、旅のアクティビティとして気軽にチャレンジして欲しい。

大鵬湾国際レジャー特区には、「1秒でスペインに」がキャッチフレーズとなっているカフェ「海上教堂珈琲」がある。海に突出した外壁が黄色の建物は、インスタ映えで大人気となり、行列必至の人気スポットだ。

ゴーカート場や海の女神や東港名物・マグロを象った巨大なパブリックアートも目を引く。日本統治時代の戦争遺構として、防空壕や給水塔、観測鉄塔、廃線となった東港支線のレールなどもあり、見どころは多い。大型ホテルもあるので1泊がおすすめ。サイクリングを楽しんだ後は、忘れずに特産品のマグロや桜エビ、牡蠣を是非味わって欲しい。

ちなみに、東港での私のいち推しは「肉粿《バーグエイ》」。肉粿は、地元の人たちの朝ご飯としてだけでなく、ちょっと小腹が空いた際にもよく口にする一品。もち米粉を蒸して棒状切ったものに、魚や豚骨を煮込んだとろみ付きのスープをかけ、具材に桜海老や香腸（台湾ソーセージ）などが散らされている。派手さはないが、体に優しく深みのある旨味がじんわりと口の中に広がり、一碗では物足りず、ついつい食べすぎてしまう。

## 大鵬灣單車站

屏東県東港鎮環湾道路2段1号
電話 0952-848-898
https://www.facebook.com/DaPengBay.BS
MAP P.20-21 38

## 海上教堂咖啡

屏東県東港鎮鵬湾大道2段9号
電話 0966-883-827
営業 11:00-18:50（火・日定休）
https://coffee-shop-8850.business.site/?utm_source=gmb&utm_medium=referral
MAP P.20-21 42

# 日本時代からの通学路〈満茶古道〉

屏東に満州郷という土地がある。特に名所があるわけではなく、たまたま阿塱壹古道を歩き、次の目的地・恒春に行く途中で小休止を取ろうと立ち寄った。

台湾では、店選びに迷ったら大きなガジュマルの樹の周囲にある店に入れば間違いない、というマイルールがある。今回も、大きなガジュマルの樹のすぐそばにあったジューススタンド「満香冰果站」を見つけて車を停めた。看板メニューの「紅《ホン》龍果汁《ロングゥオヂー》（レッドドラゴンフルーツジュース）」を注文した。ドラゴンフルーツは屏東名産のひとつだ。出来上がったジュースは、食紅を加えたように派手な赤紫色で驚いたが、濃厚で、想像を超える美味しさだ。あっと言う間に飲み干し、もう一杯注文すると、店主から思いがけないことを教えてもらった。

「満州には日本時代にできた『最初のもの』がふたつもあるのよ。ひとつは、先住民のための学校。もうひとつは、植物園」

両方とも店からすぐ近くにあるという。行かない手はない。スケジュールの決まっていない旅だからできる醍醐味だ。

車を走らせること約5分。涼亭と呼ぶには立派すぎる中華式の建物が現れた。中に鎮座する大きな石碑の表に「恒春國語傳習所猪勝東分教場之跡」、

裏に「高砂族教育發祥之地　明治二十九年九月十日開始　満州公學校前身　昭和十四年三月建之」と刻まれている。猪勝束は石碑のある満州郷の昔の名称だ。

なるほど。つまり、ここがかつて高砂族（日本統治時代に使われていた「先住民」の呼称）に国語（日本語）を学ばせるための最初の学校があった跡地なのだ。

それから満州の特産品〝港口茶〟の販売店「正宗港口茶」を訪れた。店主の朱《ヂュ》金成《ジンチォン》さんは１９４７年生まれ。海抜わずか60mの台湾の最南端で採れるお茶――港口茶――を作り続ける5代目だ。今も毎日茶畑に出て、茶樹の状態を自分の目と手でチェックしている。

「私の茶畑の横が昔の通学路になっていて、姉や兄は植物園を通って学校に通っていたよ」

朱さんの茶畑は、満州一長い吊り橋の「港口吊橋」と太平洋が広がる絶景を一望できる見晴らしの良い高台に広がっている。

茶畑の一隅に、「満茶古道」の告示版が立っていた。

茶畑がある茶山と満州をつなぐことから「満茶古道」の名

前がついた古道だ。満州に日本統治時代から舗装道路ができるまで、國語傳習所（後の満州公学校）に通う子供達の通学路になっていて、植物園も古道の一部だったという。

後日、再訪した満茶古道の入り口でガイドとして同行してくれる馬仙妹《マーシェンメイ》さんと合流した。現在、屏東県満州郷生態旅遊観光促進会の理事長を務め、１９７０年代に満茶古道を歩いて学校に通っていたという。

茶畑にいる朱さんと挨拶を交わし、屏東で植物と蝶の研究をしているという杜虹《ドゥホン》さんも加わり、3人で歩き始めた。

まだ午前10時前だというのに気温は既に30度。日差しは強いものの、古道は木々に覆われており、別世界に迷い込んだように木陰が涼しい。天然のクーラーの威力だ。周辺の雑草や倒木は整理されており、落ち葉や小枝が堆積した路面はふかふかしていて思ったよりも歩き易い。

「この前の強風で倒れたのね」

大きな水筒を2つリュックサックの両端に差し、長靴を履き、慣れた足取りでぐんぐんと前を歩く馬さん。行く手を阻む倒木を手に取り、力強く横に投げ捨てていく。この時期の恒春は、瞬間風速が台風よりも強い季節風——落山風——に見舞われる。促進会のメンバーが、定期的に古道の整備をしているというが、自然の猛威には追いつかない。

屏東の南部、つまり満州を含めた一帯を恒春半島と呼ぶ。常春＝恒春という名の通り、年間の平均気温は25度にもなる。冬に乾季があり、台湾唯一の熱帯雨林に分類されているため、熱帯植

ガイドの馬さん（左）と、杜虹さん（右）

物の殖育に適している場所だ。日本統治時代の台湾総督府殖産局の「恒春熱帯植物殖育場事業報告」には、インドやジャワ、マニラ、オーストラリアなどの諸外国から種苗を輸入し、繁殖を行い、実用的なものを本島に提供することを目的とした場所が必要だということで、港口に目をつけたとの記述があった。

１９０８年、台湾で初めての植物園「恒春熱帯植物殖育場　第一号母樹園」が誕生した。

「これこれ！ガジュマルの茎は真っ直ぐで、中学時代のボーイスカウトで使う杖にピッタリだったのよ」

小枝を杖で払ったり、落ちている石を端に寄せたりしながら、声のトーンを上げた馬さんがまるで学生時代に戻ったように嬉しそうに話す。

「これ何かわかる？」

腰を屈めた馬さんが、私の手に緑色と黒色のものを載せてくれた。緑色の殻を持つ小さなカタツムリと、黒くて丸い種のようなものだ。

「葉っぱを食べるからカタツムリの殻の色が緑色になっているでしょ。こっちは石けん替わりになる無患子《ウーファンズー》（ムクロジ）の実よ」

「これは過山香《グウォシャンシィアン》（ヒメワンピ）。葉を手で揉むと良い香りがするでしょ。番仔香皂《ホウァンアーシィアンザオ》（先住民の石けん）と呼ばれていて、お風呂に入れないときに使っていたのよ」

いろいろ学べて、林間学校に来ているみたいで楽しい。

少し回り道をしましょう、と倒木の下をくぐった馬さんが、竹林に向かって案内してくれた。雨季に水溜まりができ、イノシシや猿の水飲み場になる窪地の横に、丸い井戸らしきものや崩れた石垣が現れた。

「潘文杰《パンウェンジェ》の子孫たちが、1970年代までここで稲を植えて暮らしていました。80年代に最後の一家が引っ越し、誰もいなくなってからはこの状態です」

潘文杰とは、牡丹社事件が起きた際、日本軍と戦ったパイワン族の頭目のひとりだ。部族を代表して、停戦交渉にも関わった。その末裔が居住する跡地があったとは驚きだ。すぐ近くには、潘文杰自身の故居もあったとか。

古道の最高地点に出た。丸太の上に腰掛け、ひと息つきながら景色を眺め、いよいよ終盤に向けて出発だ。

鉄柵門が見えてきた。すぐ先は学校。100年近く前に、幼い子供達が追いかけっこしながら笑い声を上げ、歩いていた道に自分も加われた。妙に嬉しくて小走りになった。

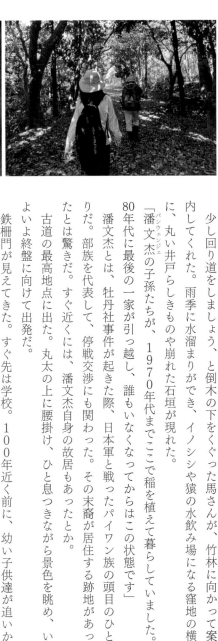

全長約3キロの満茶古道を歩いた後、再び朱さんの所に戻り、港口茶を飲んだ。港口茶は、厳しい暑さに加え、山や海の風を受け、海の霧や塩分の影響もあり、たくましく肉厚な茶葉だ。昔ながらの製法で、量が少なく、ほとんどが地元で消費されてしまうため、台湾でも一部のお茶好きにしか知られていない。

ひと口目はやや苦く、野趣味が一気に溢れる感じで悪くない。しばらくすると、喉の奥に甘さを感じる。朱さんが手塩をかけて育てた茶葉を眺めながら、1935年に刊行された大谷光瑞の著書『台湾島の現在』の記述を思い出す。

……今日は全く荒廃し、これを訪はんとするも入り難し。（中途略）その他は路なく、假りに路あるも草深くして、入る能はず。……

戦前アジアをまたにかけて活躍した宗教家で、浄土真宗西本願寺の法主・大谷光瑞が恒春熱帯植物殖育場近くを訪れた際の記述だ。僅か30年の間に、苦労して移植した植物は管理人を失い、荒れ果てたのだろう。満茶古道は、物語を語り継ぐ道として、忘れ去られたと植物園と共に再び注目を集めている。

## 満茶古道の申し込み方法

満州社区生態旅遊
https://uukt.com.tw/kenting/1523
Facebook 屏東県滿州郷生態旅遊觀光促進會
https://www.facebook.com/manjhou.Ecotourism

## 滿香冰果站

屏東県滿州郷滿州村中正路2-1号
電話 08-880-1207
営業 9:00-21:00（不定休）
https://www.facebook.com/people/滿香冰果站/100064875495123
MAP P.20-21 44

## 正宗港口茶

屏東県滿州郷茶山路458巷25号
電話 08-880-1345
MAP P.20-21 45

# 台湾出兵から150年～牡丹社事件の足跡

近頃、台湾で歴史ブームが起きている。きっかけは、2021年に台湾初の本格的な大河ドラマとして放送された「斯卡羅（スカロ／Seqalu）」。日本統治時代よりも前の1867年に起きた「ローバー号事件」を題材とした物語だ。ローバー号事件とは、アメリカ船籍のローバー号が台湾の最南端・恒春半島沖で沈没し、乗組員が海岸に上陸したところ、先住民のパイワン族に侵略者と間違われ、殺害されてしまい、後のアメリカにとっての南北戦争後初の海外出兵につながった事件だ。

日本と台湾の関係は、1895年の日本による台湾領有から語り始めることが一般的だが、実は1871年に、前述のローバー号事件の日本版とも言える「牡丹社事件」が起き、1874年、明治政府による初めての海外派兵が行われていた。

琉球民を乗せた宮古島の交易船が台風のため漂流し、恒春半島の八瑤湾（現在の満州郷九棚一帯）付近で遭難した。海岸に漂着できた乗員66人は、現地のパイワン族の集落で保護されたが、言葉の問題などから誤解が生じたとされ、琉球民54人が殺害されてしまう。1874年、日本は台湾への出兵を決断し、陸軍中将・西郷従道率いる3600名もの討征軍が派遣された。約4カ月に及ぶ戦闘でパイワン族が降伏して事件はいったん沈静化した。

これらの経緯を総称し、殺害事件が起きたパイワン族の村の名前をとって「牡丹社事件」と呼んでいる。

ふたつの事件は、外国人と先住民の文化や言葉の違いからコミュニケーションが取れずに起きてしまった悲劇であり、奇しくも、同じ台湾の最南端・屏東の恒春半島が舞台となっていた。恒春半島は台湾海峡とバシー海峡、太平洋に面した海上交通の要衝であるとともに、海流が複雑で、海難事故が起きやすい要因もある。

阿塱壹古道や満茶古道がある一帯を訪れると、牡丹社事件の足跡を辿ることができる。「高士神社」を訪れて欲しい。1939年にパイワン族が暮らす牡丹郷高士村に建立された神社を、日本人が2015年に再建したものだ。真っ白な鳥居の先に広がる海と山の絶景から、琉球民が漂着した八瑤湾を望める。インスタ映えスポットとしての人気が高い。高士村はかつて高士佛（パイワン族の言葉では「ＫｕｓＫｕｓ（クスクス）」）と呼ばれ、漂着した琉球民を保護し、のちに殺害した部落だ。日本統治時代は牡丹地区の政教の中心地であり、公学校の跡地や防空壕なども残っている。

屏東県は、激戦地となった牡丹郷の石門一帯を牡丹社事件を振り返る歴史施設として整備を急いでいる。「石門古戦場」や「牡丹社事件紀念公園」「牡丹社事件故事館」などを建て、解説員の養成も急いでいる。

石門古戦場の入り口から真っ直ぐに伸びる階段を上がると、「西郷都督遺績記念碑」と刻まれた巨大な石碑が建っていた。石碑の前に立つと、眼下にはのどかな山間風景が広がる。

牡丹社事件紀念公園には、事件を解説したパネルが並べられ、先住民と琉球民が酒を酌み交わす「愛と平和」の石像が設置されていた。宮古島にも同様の像が設置されており、長い年月をかけて和解が進んだ証といえよう。

２０２４年は台湾出兵から１５０周年という節目を迎えるため、様々な関連イベントが開催される予定だ。屏東を訪れ、改めて、牡丹社事件に目を向けるいい機会となるだろう。台湾を知るもうひとつの入り口として歴史探索をして欲しい。

## 歴史を見守ってきた「四重渓温泉」

牡丹社事件歴史地域のすぐ近くには、台湾四大名湯のひとつ、四重渓温泉がある。清朝時代から続く歴史ある温泉郷だ。いくつかある旅館のうち、最も歴史が古い「清泉日式温泉館」に宿泊した。ここは、１８９５年に公共浴場として開かれ、１９２６年に開業した「山口旅館」が前身だ。戦後は「清泉山荘」に改名され、現在の清泉日式温泉館となった。何度か増築や改修を経ても大枠の構造は昔のまま。この旅館には「高松宮宣仁親王がハネムーンで宿泊した際に使用した浴室」というスペースが保存されている。ただ『高松宮同妃両殿下のグランド・ハネムーン』を執筆したノンフィクション作家

の平野久美子さんによると、高松宮が台湾を訪れた記録はないという。

冷水から中温、高温、打たせ湯などが揃う屋外の温浴施設に水着を着て入ると、高雄や台南から遊びに来ていた元気なおばさまの集団に囲まれ、のぼせそうになった。客室にも温泉が引かれているので、露天風呂を楽しみ、部屋風呂で体を洗うことができる。旭海温泉と同じアルカリ性炭酸泉で肌はツルツルだ。近くには、地元民に愛される公衆浴場もあり、いつ通っても、話し声や笑声が外に響いていた。

### 高士神社

屏東県牡丹郷高士佛29号

MAP P.20-21 36

### 石門古戰場

屏東県車城郷石門古戦場

https://www.dbnsa.gov.tw/Scenery-Content.aspx?lang=1&sno=04006733

MAP P.20-21 46

### 牡丹社事件紀念公園

屏東県牡丹郷牡丹社事件紀念公園

営業 8:00-17:00

MAP P.20-21 35

### 牡丹社事件故事館

屏東県牡丹郷ダム入り口

電話 08-883-1001

営業 9:00-16:00（土日のみ開館、平日は予約制）

https://sites.google.com/view/mudanstory

MAP P.20-21 37

### 清泉日式溫泉館

屏東県車城郷温泉村文化路5号

電話 08-882-4120

https://www.since100hotspring.com.tw

MAP P.20-21 49

第2部

# 屏東の食を訪ねて

山脇りこ

# 傘がなくても自分の足で走る人を探して

山脇りこ

「無傘的囡仔 要比別人跑卡緊」。直訳すれば、「傘を持っていない子供は、誰よりも速く走るしかない」。

2022年まで屏東県長だった潘孟安《パンモンアン》氏が自身の8年の任期を振り返るムービー（YouTube）を見ていて、雨の中を走る少年の映像にのせて語られるこの言葉が、とても気になった。屏東県の南、東港出身の友人に聞いてみると、彼女は「これは屏東のことだと思う。台北から一番遠い県で、貧しいし、資源もない。注目もされず、国の支援も後回しにされがち。となると、自分たちで自分たちの価値を見出すしかない。だから自分で走ろう、そういう意味が込められた言葉だと、私は思う。いい言葉だね」と。

自分の足で速く遠くまで走ろうとする人たち。自分たちの価値を自分たちで高めようとする人たち。私は食の分野で、そんな屏東の人に会いたいと思った。

世界的に有名なフレンチのシェフの下で修業した後、自分が生まれた村に戻り、子供の頃から食べてきたルカイ族料理のレストランを開いたシェフ。マグロの水揚げで知られる東港でマグロに勝負をかけたキャプテン。ほぼすべて屏東の材料でピュアな醤油を作る醸造職人。山を滑り降りてくる風と強い海風がおいしくするこの土地でしかできないマンゴーを育てる夫婦。屏東発↓世界のTREE TO BARチョコレートを生み出した若きカカオの担い手。

みんな、ここ屏東でしか見つけられない宝物を見つけ、追いかけ、自分の成長と共に、屏東の価値をも高めてきた人たちだ。

「ふるさとは何があっても変わらずふるさと。ここが私の生きる場所。だからこそ大変でも、屏東・恒春に戻り、新しい名物を生み出したかった」。恒春の人気スイーツ店「洋蔥田伴手禮《ヤンツォンティエンバンショウリー》」（p202）のオーナー張嘉芬《ヂャンジャフェン》さんの言葉だ。彼女は台北から帰郷し、台湾で一番おいしいと言われる〝恒春玉ねぎ〟を活かしたスイーツを生み出した。


しかし先の東港出身の友人は「屏東って、台湾ではすごく田舎だと思われてるの、みんなよく知らないし、興味もないでしょう」と言う。なんだか切なく、悔しくなった。

なぜなら私は、屏東に来るといつも、出逢った人から心に染みるギフトをもらっていたから。それはあえて言葉にすれば、裏表のない真心、まじめさ、一生懸命さ。コンビニや屋台のようなささやかなふれあいでも感じてきた。そして今回も、傘がない雨の中を走り抜ける彼らの真摯な思いを知り胸が熱くなった。

友人に「あなたの故郷屏東には底力がある、魅力的な人がたくさんいる。可能性は無限だ」と伝えたくてこの本を書いた。

この本が屏東へ旅立ちたい思いの背中を押し、ポッと足元に灯りをともせたら何よりうれしい。

第5章

# 屏東で食べる

## キャプテンが率いる東港・佳珍海産餐庁

### マグロを追いかけた海の男は、陸で再びマグロを追う

屏東県東港は、アジア有数のマグロの水揚げを誇る漁港だ。クロマグロ、メバチマグロ（バチマグロ）、そしてカジキマグロも揚がる。東港のクロマグロのトップシーズンは4月〜6月。日本で5月ごろに見かけることが多い台湾産と書かれた美しき生のマグロは、十中八九、ここ東港のマグロだ。

朝、セリが行われる華僑市場へ行くと、様々なマグロが並び、解体の様子も見ることができる。旅人が鮮魚を買うのは難しいが、大きなマグロの身や、カマ、ほかにも蝦蛄《シャコ》や立派なぴちぴちと

はねるエビなど、見て歩くだけでも楽しい。しかしやはり、食べたい。そこで市場の周辺や、東港の市街地にあるいくつもの海鮮レストランの中で、おすすめを地元の友人に聞いた。

いちばんに名が上がったのが、佳珍海産餐庁《ジャヂェンハイチャンツァンティン》だ。東港のみならず、高雄や台南までその名をとどろかす人気店だという。週末になれば、台北や高雄から大型バスでやってくるお客さんもいて、4階建ての新しいビルはほぼ満席になるそうだ。

行ってみると料理はとてもシンプル。たとえば、クラッシュアイスの上に厚めに切られたクロマグロの中トロが盛り付けられた一皿。やわらかく蒸されたトコブシ、ふわっと揚げられたイカのフリット、どれも素材＝鮮魚への自信がつたわってくる。数種類のエビや貝類、さまざまな魚は、店で見てその場で選ぶこともできる。料理法も相談して決めてもよし、まかせてもよし。大きなハタを大皿で蒸した料理は、ふわっふわの身にネギとしょうがが効いて、極上の味わいだ。

外観も、店内のしつらえも、台北の高級ホテルのようで美しい。ここ東港では圧倒的にモダン、ほどよく豪華。ナンバー1と言われるのは味だけではない。

この店を始めたのは蕭受發《シアオショウファ》さん。一代で、東港一と言われる海鮮料理屋に育て上げた。みんなは彼をキャプテンと呼ぶ。

「私は自分のことを今もキャプテンだと思っています。シェフもオーナーもピンと来なくて。あくまでもキャプテン」と豪快に笑う。180センチを超える体躯、広い肩幅、長い手足、大きな掌を振り、やあやあとお客さんに声をかけて回る姿、豪放磊落《ごうほうらいらく》という四字熟語が浮かぶ。多くの人が一度見たら忘れないであろうキャラ強めのキャプテンは、近くで話すとなんともやさしい目をしている。

東港の漁村で生まれ育った彼は、どんな思いでこの店をはじめたのだろう。

## マグロ漁師をあきらめた日

蕭さんは東港から遠洋に船を出し、延縄《はえなわ》で大物を狙うマグロ漁師だった。いったん海に出れば、クロマグロやメバチマグロを追いかけ、数カ月は陸に戻らない。彼の下、数人が船で共同生活を送る。文字通り、マグロ船のキャプテンだった。ところが死ぬまで漁師と疑いもしなかった彼に、ある事件がおきる。

「1992年8月、37歳の時、フィリピン沖で遭難したんです。急にコースを変えた2つの台風がぶつかり、避けようがなくなって。夜の海で舵も取れず、ただただ呆然と、ああ、死ぬんだと思いました。キャプテンの自分がそんなことを思っちゃいけないけど、全員がそう思ったでしょう。結局、座礁してしまって」

幸い奇跡的に救助され、キャプテンたちはグアムの病院へ。全員の無事を知り、蕭さんは生きていただけでいい、命以外は何もいらないと思ったという。

「私は、父も弟も海で亡くしているからね、とにかく命だけは助けてもらったと感謝しかなかったです」

借金が残っていた船は修復できないどころか、残骸の処分に多額の費用がかかる状態だった。

グアムから台湾へ帰る費用も借りなければならなかった。丸裸で〝命からがら〟東港に帰ってきたのだ。

「とにかく、命以外はすべて無くしたと思いました。生きていて本当によかったけど、どうしたらいいんだと途方に暮れて。マグロを追いかける以外になにもできないんだよオレは、と叫びたかった。でも、家族がいました。妻とまだ小さな子供。命のほかにも自分に残された大切なものがあった。その妻が、頼むから陸で、家族のそばで仕事をしてくれと、泣きながら言ったんです。また借金をして船をつくるのではなく、ここで、陸でなんとかしなければ、と思いました」

## 「すしざんまい」が運命を変えた

「小さなプレハブのような店を借りて、ともかく食堂を始めようと。自分は、魚を見る目だけは自信がありました。目利きは、自分に残された唯一の財産。それに魚なら料理もできた。とはいえお客さんに出すならどこかで学ぼうと思い、台東で飲食店をやっている叔父のもとへ修行に行きました。ただし、最短で仕込んでくれと頼んだんです。自分には、時間がなかった。40歳になろうとしていたし、家族を食べさせなければならないし」

小さな店から見切り発車のようにスタートした。しかし、目利きで材料に自信があってもなかなか料理がうまくいかない。そこで叔父の店から料理人を東港に招いて、夜遅くまでついて回って習った。

「レシピなんてないから、最初に調味料を計っておいて、減った分を確認したりしながら、必死でしたよ。マグロをはじめ、魚の力だけは間違いないのに、と思いながらね」

そんな中、屏東県が、他所からお客さんを呼ぶため、県内の観光資源と特産品を認定する事業を始めた。「クロマグロ」もそのひとつだった。

「自分には、マグロしかないから、これはチャンスなんじゃないか？ と思いました。クロマグロのことなら任せてくれ、と」

そして蕭さんはあるニュースを見てひらめいた。

「そのころ、テレビで日本のすしざんまいを知ったんです。年初の初セリで、クロマグロを競り落としたニュースでした。びっくりするような金額だったけど、いろんなテレビが毎日この話題でもちきりでした。社長の顔の看板も何回も何回も映し出されていた」

日本人なら、だれもがあの初セリの盛り上がりは知っているだろう。

日本のマグロの初セリでは、豊洲に移転する前の築地市場の時代から熾烈な争いが繰り広げられてきた。大卸と呼ばれる5社が、初セリの日にむけて世界中から集めてきた最高のマグロの中から自社の1番を決める。その選ばれた5本に目利きが札を入れ、トップオブトップのマグロが選ばれ、最高値で競り落とされる。すしざんまいは最高値一番札を取ることで有名になり、多くのメディアに取り上げられ、店には長蛇の列ができた。

キャプテンは勝負に出た。

「2013年の東港のクロマグロの初セリで、最高値で落札しました。決死の覚悟で」

その値段、実に180万元（約800万円）。すべて借金だった。

「競り落としたら、やはり大きなニュースになりました。ニュースで知った妻は泣きながら、もう家に帰って来なくていい、とまで言いました」

ところがこれが大きな転機になった。

店には次々とメディアが取材に訪れ、テレビでも新聞でも雑誌でも連日取り上げられた。180万元のマグロを食べたい、とたくさんのお客さんもやってきた。

取材は彼自身にも向けられた。マグロを追い求め、船に乗りマグロを捕っていた男が、陸に上がり、再び最高のマグロを追いかけている、この物語が多くの人の胸を打った。あのキャプテンの店に行きたい、そんなファンがどんどん増えていった。

「以来毎年、初セリは必ず最高値で落札しています。これだけは譲れない、譲らない。しかもただ高いだけじゃなくて、最高だ、まちがいないと、マグロ漁師だった自分がプライドをかけて言えるマグロを競り落としています」

## いつしか東港一のレストランに

ここまで人気のレストランになった今、キャプテンはどんなことを考えているのだろうか。

「私が自信を持って言えるのは、この生まれ育った東港の海、美しくタフな大鵬湾は食材の宝庫だってこと。漁師の家で、物心ついたころから魚漬けでしたから、魚のことなら任せてくれ、屏東の東港でしか食べられない魚のことはよくわかっているからと思いながら、続けてきました。

4月から6月の東港のクロマグロのシーズンに揚がったマグロは高くても買うようにしています。いくらで売れるかわからない、買いたたかれるかもしれないといった不安を漁師から払拭したいからです。不安を持って漁に出るのではなく、素晴らしい魚を持って帰れば確実に、しかも高値で買ってくれる人がいると思ってほしい。その信頼関係を築けてこそ、キャプテンだと思っています。自分が漁師だったからこそね」

現在は、息子さんふたりが店を守ってくれているという。

「1人は高雄のガストロノミーの学校へ行き修行を経て帰ってきた料理人です。もう1人には徹底的に魚のことを仕込みました。目利きに育てたつもりです。今は競りも任せています。私は、キャプテンとして1つの船を作っていくつもりでこれまでやってきた。だから息子たちにもキャプテンになってほしい。店で働く人だけじゃなくて、漁師も仲卸もみんなでひとつのチーム。そういう思いを今息子たちにつないでいるつもりです」

妻の陳寶月《チェンバオユエ》さんは「とにかくついてきただけ。これからもついていく。相談はしてくれないけど、たどりついたところはとても幸せな場所でした」と微笑む。そして「私の願いは2つだけ。店が大きくなっても決して威張らないこと、そして生きている感謝を忘れないこと」

最後にキャプテンに、「写真を撮りたいのですが?」と言ったら、「OK、ぜひ、家族みんなと一緒の写真をお願いします」と大きな声がかえってきた。

蕭さんファミリー。佳珍海産餐廳の店内で

## 佳珍海産餐廳

屏東県東港鎮光復路2段47号
http://torocaptain.com/
最新情報や予約はこちらにも。
https://www.facebook.com/Jiazhen.torocaptain
MAP P.20-21 39

# 大陳島郷民食堂・菊子

## 母のために大陳島の料理を作りたい

はじまりは母の介護だった。朱菊子《チュジュズー》さんは、自分では歩けなくなり食が細くなった母に、何を食べさせたらいいのか途方に暮れていた。

「あるとき、母が、ふるさとの味が懐かしい、帰りたい、と言ったんです。それは大陳島《だいちんとう》のことでした」

菊子さんの母は、戦後、東シナ海に浮かぶ大陳島から、仲間とともに、全く知らない土地、台湾にやってきた。

少し歴史にふれておこう。蒋介石は1949年、国共（蒋介石の国民政府と毛沢東の共産党）内戦で追い詰められ、台湾にやってくる。国民政府丸ごと、150万人とも言われる人々を連れてきた。しかし共産党との戦いはいくつかの場所で続いていた。その1つが、浙江省の大陳島だった。1955年、蒋介石はアメリカ軍の力を借りて、大陳島に残っていた最後の国民政府側の人々を撤退させ、台湾に連れてくる。これが大陳島撤退作戦だ。菊子さんのお母さんはこの作戦により、台湾にやってきた。

1949年、急増した新たな移民（外省人）に対応するため、国民政府は彼らが台湾で集団生活できる地区を設定し、眷村《けんそん》と呼ばれる小規模な村に住宅を用意した。大陳島撤退作戦はそれから6年が経過してのこと。眷村が足りない。そこで大陳島からの移民は、新眷村と呼ばれる35の小規模な新しい居住地に分散して住まわされた。

菊子さんの母にあてがわれたのは、現在の屏東市の中心部に作られた新眷村だった。別の島から撤退してきた軍人男性と結婚し、生涯をそこで過ごした。

「母から大陳島の料理が食べたいと言われ、私は大陳島に行ったこともないし、どうしたらいいんだろうと思いました。でも、母が身を粉にして働いて、私たちの暮らしを支え、私を育ててくれたことはよく知っていたからなんとか願いをかなえたかった。母の記憶をたどりながら、母に教えてもらうしかないなと思ったんです」

## 母に習い、保存食もすべて手作り

車いすを押していっしょに買い物に行き、母から手順を聞きながら作る。食べてもらって、また教えてもらう。菊子さんは大陳島の料理を1つずつ覚えていった。

「大陳島風のビーフンは、作って3回目に、はじめて喜んで完食してくれました。うれしかったです。その繰り返し。保存食や乾物も繰り返し作って食べてもらって覚えました」

そして、菊子さんは生まれ育ったその場所で、大陳島料理の食堂を営むようになった。

大陳島は離島で冬はとても寒い。そして、海産物以外の生鮮食品が常に不足していた。その結果、島の人たちは保存食を作る能力に長じるようになった。漬物、発酵食品、乾物、すべて手作り。

私たちが訪ねた日に菊子さんがふるまってくれた干しうなぎは、冬至のころに海うなぎを開いて干し、保存しておいたもの。戻して豚バラと炒めて食べさせてくれた。日本で言えば、身欠きニシンに近い。臭みはなく、独特のうまみがある。

「だしがよくでるので、保存して、じっくり戻して、炒め物などに使います。母と何度もやってみて、作れるようになりました」と菊子さん。

また、魚肉麺《ユーローミエン》も貴重な保存食。穀類が貴重品だったため、エソの魚肉で麺を作り保存する、タンパク質と穀類が合体した珍しいものだ。蒸してつぶしてほんの少しの小麦粉を加えて細くよって屋外に干す。同様に貴重なもち米は干し餅にして保存した。菊子さんはこうした保存食も昔ながらの方法で手作りし、食堂でふるまっている。

紅麹も台湾のものとは違い、甘くない。もち米と酵母菌に老酒（もち米から作る黄酒を長期熟成させたもの）を合わせて仕込む独特のものだ。

大陳島は昔から老酒で知られていた。紹興酒は浙江省紹興で作られる黄酒のこと。同じ浙江省の大陳島もおいしいと評判の老酒の産地だった。

「大陳島には老酒造りの名手と言われる人もたくさんいて、彼らも撤退作戦で台湾へ連れてこられたそうです。おそらく紹興からも来たのではないでしょうか。今も、女児紅《ニュニーホン》や花彫《ファディァオ》と書かれている老酒があるでしょう？ あれは女の子が生まれたらきれいな彫り物をした壺に入れて、土の中に埋めて15歳まで保存して、嫁に行く時に振る舞うという風習から来ている名前。そんな古い大陳島の風習も母から聞きました」

## 母が残してくれたもの

「母は、屏東に来てからは、ずっと漁で使う網を編んで生計を支えていました。朝から夜中まで。ほんとうに細かい作業。とても苦労したと思います。最後まで故郷に帰ることはかなわなかった。母が亡くなって、私には大陳島の料理が残りました。16年間の介護生活の中で、いくつも覚えることができた。母が私にくれた宝物です」

菊子さんは、同じ新眷村に住む大陳島から来た人にも料理をふるまうようになる。食堂は次第に評判になって、台湾全土に散らばっていた大陳島出身者が訪ねてくるようになった。

「みなさん、大陳島に特別な思いがある人ばかり。母のような境遇の人もいるし、私のように親の故郷として大陳島が特別だと言う人も。お孫さんまでみなさんで来てくださるご家族もいます」

いつも最初は馬鞭草《ばべんそう》と薄荷《はっか》とキヌアの薬草茶で迎える。馬鞭草はクマツヅラのことで、ほんのり苦みがある。薬食同源も母から教えられたことの1つだ。

菊子さんの案内で、新眷村の中を歩いてみた。建物の作りは煉瓦で頑丈そうだが、だれも住んでおらず、朽ち果てた住居も多い。

「1955年に大陳島からこの村に来たのは、66世帯だったそうです。その後少しずつ大陳島出身の人が出て行って、その後には、原住民も多く住んでいました。家賃が安かったこともその理由だと思います。その人たちもどんどん出て行って、今は大陳島からの人は3、4世帯になりました」

寂しくなりましたね、と聞くと、

「そうねえ、みんなびっくりするぐらい歳を取って。でも、母が残してくれた料理のおかげで、全国から大陳島を懐かしむ人が来てくれる。ひとりになっても寂しくないように母がそうしてくれたのでしょう。だから、私が料理できる間は続けていきます。いつか、大陳島へ行ってみたいなと思いながら、なかなか行けないのだけど……」と微笑んだ。

朱菊子さん。手には干し餅

## 菊子食堂

https://www.facebook.com/profilephp?id=100064513637511

事前にFBページからメッセ―ジまたはメールを送り予約してください。
完全予約制。

# AKAME

## 炎を恐れない男

２０１９年11月、東京幡ヶ谷の大通りから１本入った通りで、薄暮の中に炎が見えた。近づくと店の軒先にバーベキューセットがおかれていて、炎はそこからあがっていた。

真っ赤に芯まで燃える炭、火花が飛び、時にブオウッと炎があがる。下から強い熱にあおられながら、眉間にしわを寄せ、鉄串に刺した塊肉を焼く男がいた。Ｔシャツからのぞく太い腕、肉をみつめる鋭い眼光、イタリアの俳優のような甘い顔立ちだけど、眉間の皺は深い。こちらが心配になるくらい炎を全く恐れていない。

屏東、ＡＫＡＭＥのシェフ、アレックス（彭天恩《ポンティエンエン》、Ａｌｅｘ ＰＥＮＧ）だ。

この日は、肉焼きの達人と東京で評判の清水将シェフとのコラボレーションのため来日していたのだ。

途中で網にのせて休ませながら、数時間かけて焼きあげられた肉は、外側はガリッと、内側は弾力を残し、かみしめれば肉汁があふれ、ほのかな炭の香りとともに野生を感じる仕上がりだった。

彼は子供のころからこうして炎で調理された肉を食べてきた。自分たちが暮らす山のさらに奥に分け入り、命がけで勝ち取った肉を、炎で焼く、燻《いぶ》す、煮る。「食べる」の原点ともいえる営みが生きている中で育った。だから炎を恐れない。そして、さっきまで確かに生きていた肉を慈しむ。

## すい星のごとく現れた「AKAME」

「きっと世界中から人が訪ねてくるレストランになるよ」。2017年ごろ、東京「傳《でん》」の長谷川在佑料理長が言った。「傳」はアジアベスト50レストランのトップ10に名を連ねる世界が注目する店。その長谷川さんが、シェフたちが注目し、こぞって訪ねている店が台湾にあると言うのだ。

それが、アレックスの「AKAME」だった。台湾、屏東県の原住民が暮らす村にあるという。アレックスは台湾人シェフとして初めてミシュラン三つ星を獲得したアンドレ・チャン（江振誠《ジアンチェンチオン》）のレストラン「アンドレ」（Restaurant André/シンガポール、2018年閉店）で修業し、将来を嘱望される。しかし彼が選んだのは都会での独立ではなかった。2015年、台湾・屏東の原住民の村へ戻り、ルカイ族の伝統的な料理を出す店「AKAME」をオープンしたのだ。

彼自身がルカイ族で、ともに働く妻、その妹、従弟とともに、生まれ育った山のふもとに〝帰ってきた〟のだ。

台湾には、政府が認定しているだけで、16の原住民族がいる。彼によれば、ルカイ族の人口は現在1万2000人ほどだという。

そのルカイ族の伝統的な料理とはなにか? 炎で焼くバーベキューだ。AKAMEはアカムと読み、ルカイ族の言葉で、「焼く」「バーベキュー」の意味だ。

加熱調理の道具はひとつだけ、800度まで温度が上がる特製の窯。熱源の薪はアカシアの生木だ。店の前に積んである薪を見せてもらったが、ひとりでは持てないほど重い。ぎゅううっと密度が高く硬いこの木が、高温を維持してくれるのだという。ルカイ族の村でもずっとアカシアを使って来たそうだ。

アレックスシェフ。AKAME店内で

炎をあげながら燃える窯の中は、場所によって温度が違う。それを巧みに使い分け、野菜も、海鮮も、メインの肉も焼く。

「自分たちが食べていたようにルカイ流に焼くには、高温と炎が必要」とアレックス。中の温度は最も高いところで、８００度まで上がり、手前の方には１００度くらいのゾーンもある。そこでこの窯の中で食材を動かしながら、焼いていく。そして時に燻すのもアレックスの独特の料理だ。

この窯のどこで、どのくらいの時間、どう焼くか？燻すか？山の猪も烏骨鶏も基本は焼くだけ。だがシンプルだからこそ、そこに料理人の腕が現れる。

アレックスは窯の前に立ち、腕をぐううっと窯に入れたり、手前に引いたり。炎の中で自在に食材の位置を変えていく様子は、いつ見てもひやひやする。「熱くない？」となんど質問されたことだろう？そのたびに、にこり、とただ笑う。彼はいつも淡々と炎と料理している。

## 世界中から人が集まる山奥のレストラン

屏東の駅から車で40分ほどかかる山の中の店にもかかわらず、口コミで、静かなうねりのように、その料理は評判になる。「原住民の伝統的な料理」「調理器具は高温の窯と炎」「イノシシやシカもある、地元の肉、地元の野菜だけ」と。

まず常に新しい料理とインスピレーションを求める高感度のシェフたちがやって来た。ある時は、フランスの３つ星シェフ、アン・ソフィ・ピックがカウンターに座っていたそうだ。世界のシェフたちが訪れていることが、さらなる評判を呼ぶ。AKAMEは、カウンター13席と6名が座れる個室を目指して、世界中から人が集まる店になった。

私が初めて訪ねたのは2017年。深い山の中、漆黒の中にともる小さな灯り。AKAMEと書かれた1枚木のドア。鉄に鹿の骨があしらわれたノブをまわして入ると深い色合いの木と鉄のモダンなインテリアに迎えられた。カウンター席に着くと、フルオープンの厨房に燃え上がる炎を抱いている2つの窯が見えた。

この日、メインの皮ごと焼かれた猪は、カリッカリの皮と、高温で豪快に焼いたイメージに反したしっとりとした肉。そのコントラストが見事だった。皮と肉の間から脂がしたたり落ち、ほのかに獣の匂いがする。これこそが醍醐味か。

横に添えられたルカイ族がお祝いで食べるというアバイ（粟）の餅は、粟餅を知る私たち日本人にはなつかしい味だ。キヌアとアバイで作ったという味噌は、ゆず味噌やふき味噌を思わせる。アレックスにとっては、お母さんやおばあちゃんの味である昔ながらの保存食、発酵調味料も、私たちにとっては新鮮で、驚きと発見がある。

デザートには近くの山で獲れた野生の愛玉子《アイユーズー》。布袋に入れてしごけば、プルンと固まる、夜市でもおなじみのデザートだが、そのプルンっぷりがタフで、澄んだ味わいで、心底驚いた。私も何度も作ってみたことがあるが、なかなかこうはいかない。湧き水との相性もあるのかもしれない。すべて近隣の幸だ。

## 生まれ故郷にこだわる理由

これまで経験したことのない味わいに、〝だからこの場所なのね〟と思いつつも、やはり聞きたくなった。

海外で、しかもファインダイニングのフレンチで修行を積んできたシェフが、なぜふるさと屏東の山の中に、ルカイ料理の店を構えたのだろう。

「ここにしかないものばかりだから。食材だけではなく、ずっと続けてきた暮らし方、食べ方、空気も風も」。アレックスの答えは実にシンプルだった。

「このままだと、僕ら原住民族が知る山のスパイス、摘み草、木々の実、肉の焼き方、食べ方、どれも途絶えてしまうかもしれません。それで僕は、ルカイの伝統的な料理をベースに、原住民料理を掘り起こして、時に洗練させて、伝えていきたいと思った。新しい原住民らしい料理も生み出したい。これまで自分がやってきたことをそのことに活かしたいのです」

いまや台湾料理のみならずイタリアンやフレンチで出合うことも多い馬告《マーガオ》（台湾の山の原住民族が使ってきたスパイスでレモングラス風味の黒コショウのような独特な香り）を、彼の料理で知ったシェフも多い。和山椒に柑橘を足したような刺葱《ツーツォン》もそうだ。

加えて、アレックスは台湾在来種の野菜や、昔から台湾にいたという黄牛（一説ではオランダ統治時代から増えたとも）など、台湾に主に原住民だけが暮らしていたころから食べられていた食材にも目をむけている。

この数年、台湾で増え続けているファインダイニングについては、どう考えているのだろう？

「やはりファインダイニングと呼ばれる世界中から人々がやって来るようなレストランと、それが根付く文化を発展させるには、地域の暮らし、食文化、伝統との結びつきが不可欠ですよね」

そしてこう付け加えた。

「僕は僕自身の村での暮らしや、食文化、伝統との結びつきを強くすることによってのみ、オリジナリティの高い料理を創造することができると思っています。料理は、単なる食べ物ではないでしょう？　シェフ、チーム、生産者、職人、それぞれの人生、生き方、かかわる人のすべてが一皿に現れる。みんなの温かさも、それに対する感謝もその皿にのっているんですよね」

## 原住民の暮らすテンポをマタリリで

2度目に訪ねたときには、長谷川料理長の予言通り、世界中から予約が入る押しも押されぬ人気店になっていた。アレックス自身も、今では様々な雑誌に取り上げられ、表紙を飾ることもある。台湾を代表する名実ともにスターシェフになっていた。

そして2019年、新たな物語を伝える場として、「Ｍａｔｈａｒｉｒｉ」（マタリリ）をオープンした。オーナーシェフとして2件目の店だ。

「村の暮らしでは『時間』を気にすることがあまりありません。家に帰るまでの数分の間にも、僕たちは何度も気の向くままに立ち止まり、近所の人とおしゃべりしたり、一杯ひっかけたりして、そのうちにいつの間にか日が暮れて、夜になっていることもあるんですよね。そんな道すがらを表すような店をつくりたかった。Ｍａｔｈａｒｉｒｉはルカイ語で、あれやこれや、それぞれのすばらしさ、といった意味です。僕らの村のテンポや楽しい雰囲気を伝えることで、ここに来たときは、みんなで時間を忘れ、昼も夜も集い、語り、分かち合いたいんです」

ふるさと屏東に対する想いも聞いてみた。

「屏東は台湾の南端に位置し、山と海に囲まれ、独特の南国らしいテンポを持っています。ＡＫＡＭＥやＭａｔｈａｒｉｒｉにいらっしゃるお客様を見ていると、そのテンポの中で、リラックスしてくれているなあ、と感じます。屏東の南国らしい魅力が、伝わっているんですよね。それを誰よりも知っているこの土地に生まれた人々に、僕のように故郷に帰ってきてほしい、と願っています。僕たちが『故郷のためになにかをしたい』とこだわってきたように。故郷に身をおいてこそ、本当の自分でいられるんじゃないかなと思うんです」

**AKAME**

https://AKAME-restaurant.business.site

MAP P.20-21 66

**Mathariri**

https://www.facebook.com/p/Mathariri-100063651266183

MAP P.20-21 57

# みんなの〝辛ママ〟がつくる、おふくろの味

## 弁当は1日400個、季節の粽《ちまき》は1000個、すべて手作り

「裕祥便当《ユーシァンビィエンダン》」は、連日、昼になると学生や会社員、近くにある病院の看護師や医師、警察官や自治体の職員、あらゆる人たちでにぎわう食堂だ。東港の信仰の中心地、東港東隆宮から歩いて10分ほどの中心街にある。

営んでいるのは街のみんなから辛ママ（辛媽媽）と呼ばれる徐麗華《シュリーファ》さんと辛パパと呼ばれる夫の辛順榮《シンシュンロン》さんご夫妻。東港で食堂を始めて32年になる。

台湾で、自助餐と言われるビュッフェスタイルの食堂で、20種類以上のできたてのおかずと、ごはん、おかゆ、おこわなどが毎日用意されている。ここではそれらを詰めたお弁当も人気だ。スープはもちろん、麺類も用意されている。

「ぜったいにできたて。これだけは変わらず守ってきました」と辛ママは言う。

「食材は、東港の市場にあるもの、ここで暮らすみんながいつも日常的に食べている季節の野菜、魚、肉。毎日、私が必ず見て、触って、いいなと思うものだけを選んで使っています。多少値が張っても納得できるもの、ちゃんと信頼できる人が作ったものをね。この人の卵はおいしいし、安心とか、この人の豚肉は間違いないとかね。長く付き合っていると、今日はいいものがないよ、

ごめんね、って正直に言ってくれるし。商売は人と人のつながりが大切だと、いつも感謝しています」

なんでもないキャベツとにんじんと豚肉の炒め物が、どんどんなくなっていく。程よく白胡椒が効いていて、にんじんはやわらかく色よく、キャベツはシャキッと感がたまらない。片栗粉でとろみをつけていないのもいい。青菜炒めの美しいグリーンも食欲をそそる。

「私は野菜の色にとてもこだわりがあって、塩ゆでしたらすぐに氷水にとるとか、火を入れすぎないとか、直前に炒めるとか、美しいまま食べてもらえるように試行錯誤しているの」

特に人気なのが、鳳梨炒豆豉《フォンリーチャオドウチー》、パイナップルのトウチ炒め。常連客は「これぞ辛ママの味！」と言う。醬焼茄子《ジャンシャオチィエズー》、焼きナスの醬油だれも人気だ。極めつけは糖醋排骨《タンツウパイグー》、酢豚だ。毎日あるわけではないので、これがあると噂になり、列ができる。

辛ママたちは、店のほかに、1日に200個ほどの弁当をオフィスや工場に配達する。800個という注文に前夜から徹夜で応えたこともあるそうだ。

端午の節句に辛ママがつくる南の粽《ちまき》（北の粽と違い、生のもち米を月桃の葉に包んで、ゆでて仕上げる）は評判が評判を呼び、毎年1000個ほど作っているという。もちろんすべて手作り。粽を包む月桃の葉を用意するだけでも大変なのに1000個包む！と考えたら遠い目になる。

「1個食べてくれた人が、次は2個と言ってくれる。それがうれしくて。食堂って食べた時のお客さんの顔や、戻ってきてくれるかどうかで決まる仕事だと思うから」

## 普通のママが、みんなのお母さんになる

メニューを考え、女性スタッフを采配し、何百個もの弁当をつくり、食堂をきりもりすると聞けば、アグレッシブな女性をイメージするかもしれない。しかし、目の前にいる辛ママは、小柄で、口数が少なく、声も小さく、いつもニコニコと頷いている。化粧っけはなく、Tシャツに店のエプロン、いつも頭に衛生用のビニールキャップをかぶっている。

辛ママがこの食堂を始めたのは32年前。はじめは自宅の軒先で弁当やお惣菜を売ることからスタートした。

5人兄弟の末っ子で、決して恵まれた家ではなかった。子供のころから食べることは好きだったけれど、母親が料理が得意だったわけではないと言う。

自動車整備をする夫と結婚してから、2人の子供に恵まれた。この子供たちのためにも、自分も何か仕事をしようと、まず始めたのは、日本からハイカラなものを輸入して売る小さな店だった。東港にはまだそういう店がなかった。ポッキーやビスコといった日本の菓子や、化粧品、子供服、洗練された婦人服などを、主に大阪に仕入れに行った。彼女の実直さとセンスで店は繁盛したという。

しかし、そんなに頻繁には日本に行けない。子供のそばにいられて、地に足が着いた次の仕事を見つけたいと思うようになった。

そこで、彼女が始めたのが、自宅での弁当屋だった。食べるのが好きで、料理も好きだった。

外で食べたものを再現するのが楽しくて、いつも自分なりに作ってみていた。料理なら続けられるのではないか、と思った。

とはいえ修業したプロの料理人ではない。提供する料理はあくまでも自分の子供や夫に作っていたものの延長だった。

朝早くから深夜まで手抜きせず、仕込みを怠らず、毎朝いちばんに市場に行き、自分で見て納得できる材料を求め、ただただ真面目に〝うちのごはん〟を作り続けた。

そのうち、「故郷のお母さんの味みたいだ」「ほっとする」「こういう料理が食べたかった」と評判を呼ぶようになる。外に店を借り、自助餐の食堂になった。

すると思いもかけない声がかかる。「大学の食堂を立て直したい。辛さんにまかせたい」。高雄にある輔英科技大学からだった。

「びっくりしました。うちは、うちのごはんを出していた食堂。無理でしょう？ と言ったら、だからお願いしたい、学生にわが家のような食事を作ってほしい、って」

そして学生2000人に、毎日のおかずと400個のお弁当をつくる挑戦が始まった。

朝4時に夫とともに東港の家を出て、市場により、車で1時間かけて大学へ。10時にオープンし、13時までひたすら料理を出す。その後、翌日の仕込みをして、毎晩21時に大学を出て家に戻っていたという。

これがまた評判になる。大学の食堂がおいしくなった！ と。そして再び声がかかる。

## 東港の病院の食堂がおいしい、おふくろの味じゃないか

「こんどは病院の食堂をまかせたい」。東港の総合病院から声がかかった。1952年に産婦人科のクリニックとして設立され、のちに総合病院になった輔英科技大学附設医院だ。

「みんなが知っている街の真ん中の大きな病院で、大学の時以上にびっくりしました。でも、大学の学食をやらせてもらったことで、もしかしたらやれるかも、と」

そこへは大学と違って、東港の街の人たちがたくさん食べに来た。入院患者を見舞う人もいれば、病院のスタッフ、警察官、自治体の職員、タクシーの運転手、納品業者、様々な人が辛ママの料理を食べる。

「毎日ここで食べたいと言って、本当に毎日来てくれるのがうれしかったですね。他の病院へ転職しても、家族と食べに来てくれたりね。おかえり、ありがとうって、言うんです」

病院では辛ママの「月子餐《ユエズーツァン》」も人気だった。月子餐とは、妊婦さんが産後に体を回復させ、これから子供を育てるために食べる養生食のこと。台湾では、産後の女性は約1カ月、徹底的に静養する「坐月子《ズオユエズー》」の習慣がある。その期間は、料理はもちろん家事もしないで徹底的に身体を休める。そのための月子中心と呼ばれる施設もある（なんて素敵なの！）。

「3食の合間に、おやつも3回で、1日6回。栄養士さんと相談して工夫して作りました。昔ながらの知恵を活かしたスープもいろいろ、おやつに漢方を取り入れたり」

月子餐は、身体の毒素を出す、子宮の収縮を促す、女性ホルモンの回復を促す、そして母乳に良いなど、効果も考えながら作られるのだ。

「この時に生まれた子供が、成長して食堂に食べに来てくれたりするの」と目を細めた。


いつしか〝辛ママ〟と呼ばれていた。病院の食堂はそんな辛ママを慕い、辛ママの料理をおふくろの味と感じる人でいつも混みあうようになった。しかし年齢とともに、少しペースを緩めてもいいのかもしれないと思うようになる。

なにより、働く最大の理由であった子供たちは自立した。ひとりは医学の道へ。ひとりは日本で大手広告代理店に就職した。

「それで、病院の食堂を次の方にお願いして、ここに小さな食堂をひらきました。電話番号も公開していないし、HPもなし」

しかし、東港の人々は放っておかなかった。1日400食の弁当、ピーク時には1000個の粽だ。お祭りやイベント、会議、警察や自治体の会合のときには徹夜になるほどの注文が入る。

辛ママはかれこれ30年、屏東県東港から出たことがない。

「ここはとってもいいところ。田舎だって言われるけど、まじめにつくられた野菜、飛び切り新鮮な魚介、おいしい肉、台湾で1番のフルーツ、ぜんぶここにある。物価も安い。情に厚い人が多くてみんな親切だし。それにすぐ近くの大鵬湾の海のきれいなこと。私たちはここで暮らせてラッキー、ずっとここにいたいと思っています」

辛パパと辛ママ。店内で

## 裕祥便當

屏東県東港鎮共和里光復路3段61-1号

MAP P.20-21 40

第6章

# 屏東の味を支える調味料

## ごま油～金弘麻油花生行～

### 故郷に私の道を見つけた

台北の大学で生物学を学んでいた黄筑憶《フゥアンヂュイー》さんは、ある夜、新竹で伝統的なビーフン作りに奮闘する女性のドキュメンタリー番組を見た。テレビに映し出される、朝から晩まで身を粉にして働く女性の姿に目がくぎづけになり、故郷、屏東県潮州にいる母親のことを思い出す。

母はひとりで、筑憶さんの祖父が始めた小さなごま油製造所を守っていた。

気がついたら、ベランダで泣きながら、母に電話をしていた。「私は大学を辞めて、お母さんの仕事を継ぐ」と。

夜中に電話を受けた母の許玉霞《シューシア》さんは突然のことに驚き、娘に何かあったと察し、激しく動揺したという。どこにいるの？　と聞くと、ベランダにいるとの答え。まさか、飛びおりるのではないか？　と胸騒ぎがして「すぐに帰ってきて、待っているよ」と言った。

玉霞さんはずっと、自分の仕事は大変すぎるから、娘には継がせたくないと思っていた。

その仕事とは、昔ながらの作り方で、ごま油を作ること。朝は夜明けとともに起きて、準備をはじめる。作業場に灯りをつけ、薪を運ぶ。古い石窯に薪をくべて火を起こし、ごまを煎る。焙煎したごまを昔ながらのトタンの板にひろげ、丸一日冷まし、昔ながらの道具を使ってしぼる。細い線を描いて流れ落ちる茶喝色の油を瓶につめ、義父が作った店名のシールを貼る。

重労働から繊細な作業まで、製造から販売、帳簿つけまでほぼひとり。365日休むことなく働いても、たくさんは生産できない。それでもとにかく毎日、日の出から夜中までごま油を作り、家業の灯を、絶やすことなく引き継いでいた。

「客家《はっか》の嫁はほんとうによく働く」と言われる。嫁が家業も、家のこともやる、とはよく聞く話だ。許さんも客家。だからこそ、昔ながらの製法のごま油にこだわり、妥協せず続けてきた。

娘の筑憶さんはそれを見て育った。焙煎のすすとごまと油で、茶色になり、くっきりとしわが刻まれた母の手で育てられた。

実は、この製油所は祖父や父の事業での負債もかかえこんでいた。その借金をかえすためにも母はこの事業をやめるわけにはいかなかったのだ。

「母のおかげで、私は台北の大学に入りました、いずれ立派な仕事をみつけて母に恩返しすればいい、そう思いながらどこかに〝ほんとうにこれでいいの？〟という思いがありました。あの日、テレビを見て、確信したんです。いますぐに帰って、母を支え、家業を立て直し、成長させるのが私がやるべきことだって」

夜中のベランダから母にその思いを伝えた彼女は、すぐに大学を辞めて故郷、潮州に帰った。「金弘麻油花生行《ジンホンマーヨウファシォンハン》」を継ぐ、もう迷わなかった。

## 〝うちのごま油はこれ〟金弘麻油花生行のごま油

ある時、潮州出身の友人が、「子供の頃から、これ一択！なんです」と1本のごま油をプレゼントしてくれた。

「金弘麻油花生行」の純胡麻油（ごまを絞ったもの100％）。原料は台湾産黒胡麻とある。

台湾では、胡麻油《フーマーヨウ》、黒麻油《ヘイマーヨウ》と言えば、黒ごまを絞った油のこと。台湾では炒め物などだけでなく、日本の醤油やみりんや酒のように調味料として、味付け、風味付けにも使う。

しょうがをたっぷりのごま油で揚げ焼きしてから鶏と煮込んだ「麻油鶏《マーヨウジー》」や、ごま油と醤油と酒が1：1：1の炒め煮「三杯鶏《サンベイジー》」、また火鍋のたれにも、ごま油をたっぷり使う。

いわば、ソウルオイル。だからこそ、一家言持つ人も多く、うちではこれ！と決めている家庭も多い。

友人の「うちのごま油」が、金弘麻油花生行だった。味見してみたら、え、、ちょっと衝撃の味わいじゃない⁉ なんとおだやかで優しい味なんだろう。主張しすぎず、その底にしっかり胡麻を感じる。余韻にも胡麻。

なぜこうなる？ これなら、どんな料理もひきたててくれるじゃないかー。

これは行くしかない。

## 金弘麻油花生行の衝撃

「金弘麻油花生行」は台湾鉄道（台鉄）の潮州駅から車で5分ほどのところにあった。間口2間ほどのサッシの玄関で、外から見るとなんの変哲もない商店のように見える。看板も探さないとわからないくらい小さく、何を売っているかも外からではわかりにくい。それでもお客さんがひっきりなしにやってくる。そのほとんどが女性客。

はじめまして……とあいさつをしたら、「はじめまして、黄筑憶です」と飛び切りの笑顔で、おしゃれな名刺をくれた。背が高くがっしりとして、化粧っ気はないけど、キラキラした澄んだ瞳が印象的だった。

彼女が、最初に話してくれたのが冒頭のエピソードだ。19歳で故郷に戻った筑憶さんは32歳になっていた。

お母さんひとりでやっていた店は、この13年で、彼女の高校の同級生やいとこ、お母さんの親友、そして1番下の弟も参加する〝金弘チーム〟になった。

「母を手伝うようになってから、変えるべきことと、変えずに守るべきものを、いつも考えてきました」と黄さん。

守りたいと思ったのは、昔ながらのごま油の作り方だ。いくつかの小さな機械は導入したが、どの工程も完全に機械任せにはせず、その日の気候や気温、食材の状態に対応できるよう人の手の〝加減〟が入るようになっている。

最も大切な焙煎も、これまで通り、いまも現役の職人である母のやり方を守り、毎日薪で火をおこし、昔ながらの窯で行う。

ただし、作業時間は1日8時間まで。母にも、かつてのように15時間作業をすることは禁じた。またいつも容器をもって買いに来てくれる近所の人に、量り売りは続けている。この日も、お店に来たお客さんは、家族や料理や趣味のことなど、いろんな話をしながら買い物していた。

一方で直接レストランや個人に売ることも始めた。メッセージ性のあるHPを制作し、ネット販売ではおすすめセットを作るなど、初めての人に試してもらう工夫もしている。

がらりと変えたのが、ボトルのラベルだ。アート好きな彼女は、ウェブサイトで見つけた台湾イラストレーターにメールで、「キッチンに置いたときに、その瓶を見ると癒されるようなラベルにしたい」、と依頼した。

羽を休めるブルーグリーンの鳥や、温泉につかって気持ちよさそうなピーナッツ君など、目新しく、ひきつけられるラベルが並ぶ。

そして、新たな挑戦として徹底的に台湾産にこだわったごま油作りをはじめた。

「実は、ごま油に台湾産のごまを使っているところはほとんどなくて、うちもタイ産のごまを

右が100%台湾産の麻油。隣が花生油

使っています。それも作り続けながら、台湾のごま100%のごま油も作ってみたかった。ここまで手をかけて作っているのだから、原料にもこだわって、一切妥協のない最高のごま油を。ただ材料費が高くなり、できあがったとしても高すぎて誰も買ってくれないのではないか？と悩みました。でも、きっとわかってくれる人がいる、まだ誰も作っていないごま油を作る、と決めて始めました」

ごまの生産が盛んな台南産で、誰がどの畑でつくったごまかも把握したうえで、昔ながらの伝統的な作り方で作る100%台湾メイドのごま油。おそらく価格は2倍以上になる。それでも、筑憶さんは、一切妥協しなかった。

## 100%台湾産のごま油が、くれた自信

「ある時、突然台湾産ごま100%のごま油への問い合わせが増えて、それがミシュランの星を持つようなお店ばかりで。なぜ？と思っていたら、その半年ほど前に、現場を見たいと訪ねてきてくれた、高雄のある有名なシェフが、周りのシェフたちにすすめてくれていたことがわかりました。びっくりしました。そしてじわじわと喜びが湧いてきて。わかってくれた人がいた、こだわりぬいて作ってよかったと」

評判はさらに広がり、台北の誠品書店はじめ、こだわりの調味料を扱う店でも販売されるようになる。600mlで700台湾ドル（日本円で3000円ほど）という高価格のごま油が、支持されるようになった。

さらに筑憶さんは、花生＝ピーナッツにも注目する。

「ピーナッツはごまよりもっと台湾産が多くて、屏東県内でも生産している農家さんがかなりいました。価格も安定しています。それで花生油（ピーナッツオイル）も100%台湾産のピーナッツで作るようになりました。今は、ピーナッツ農家さんへ行って作付けからいっしょにやって、収穫までの農作業も手伝いながら作っています」

作り方も、ごまと同様。薪で火をおこし煎って、自然冷却し、ていねいにしぼる。私はこの花生油に、ごま油以上に驚き、心も胃袋もわしづかみされた。花生油は、酸化しているような油臭さが出てしまうものが多いと思っていたが、とにかくピュア。澄んだ味わいを初めて知った。な

により も、香りが抜群にいい。不自然な強さではないから、ピーナッツアロマをいつまでもクンクンしていたいほど。

日本へ持ち帰り、このオイルで卵をちゃちゃっと焼いたり、サバを塩焼きにしたら、ぐっとまろやかになり、箸が止まらないいつもとちがう料理になった。

## おいしさが広げる人の輪

「100%台湾産のごま油を伝統的な作り方にこだわって作ったことで、たくさんの人に、おいしいと支持してもらえるようになりました。ネット販売など販路が増えたことで、負債もかなり減りました。このチームで、事業を立て直せる自信もでてきました。まだまだ返済が終わったわけではないんですけどね」と筑憶さん。

娘が継ぐことには反対だった母は、今も、いちばんのごま油とピーナッツ油の職人であり、後輩を指導し育てている。この日も、薪でおこした燃えさかる炎の窯でピーナッツを煎るところを見せてくれた。細身なのに腕の筋肉がしびれるかっこよさだ。

「今は、娘が継いでくれてとてもよかったと思っています。私には思いもつかないことを、娘や娘の世代が実現してくれて、ありがたい。もう夜明けと同時に働くことはありません。みんなでやっていくのがとても楽しい」と訥々と話した。

今は台南のごまを多く使っているが、今後は地元である屏東産のごまの割合を増やしていきたいと言う。

実はこの日、料理はほとんどしないという地元の若い女性ふたりと取材に行ったのだが、帰りには彼女たちも瞳を輝かせて、ごま油と花生油のボトルを抱えてレジに並んでいた。私もほれ込んで、船便で日本へ。おかげで日々の料理の楽しみがまたひとつ増えた。

娘、黄筑憶さんと母の許玉霞さん

## 金弘麻油花生行
## Jin Hong Oil

屏東県潮州鎮光華路54号
https://www.jinhong-oil.com

MAP P.20-21 25

# 醤油～豆油伯～

## 屏東の「醤油おじさん」を訪ねる

2016年頃だったと思う。台北のそごうデパートにあるシティスーパーで、見たことのない醤油を見つけた。ここはいわゆる高級スーパーで、台湾全土からこだわりのお茶や、無添加の麺、昔ながらの製法で作られた調味料などが集められている。台北に行けば必ず覗いていたのだ。うーむ、気になる。

私は調味料マニアで、とりわけ醤油と酢に強い思い入れがある。日本なら見たことのない醤油を見つけたら何も考えずに買って使ってみる。が、ここは台湾。醤油か～と思いながら、裏の原材料表示ラベルを見ると、台湾産の黄豆（大豆）、台湾産の小麦、天然塩、水、とある。なんとシンプル、これは本物かもと、購入し日本へ持ち帰った。

人はあまりにもおいしいと、ボキャ貧になると思う。言葉がない、いや、いらなくなるのではないか。日本に帰りさっそく味見してみたら、この醤油、そのくらい、いい、うまい、すばらしい。とてもクリアな味だった。しかもうまみがある醤油にありがちな重さがなく軽やか。

裏書を見なくとも、これは丁寧に真摯に作っているな、とすううーっと感じる醤油がごくごくたまにある。

それが「豆油伯《ドウヨウブォ》」の醤油だった。以来、台湾に行くたびに、その醤油を自分への土産に持ち帰るようになった。

「豆油伯」は直訳すれば、「醤油おじさん」。どんなおじさんなんだろう？　日本では、小豆島、糸島、和歌山と、惚れ込んだ醤油蔵を訪ねていた私は、その製造の現場がとても気になった。どうしてこういうクリアな醤油を目指すようになったのか？　そこが知りたかった。屏東県の竹田という町にあるらしい。

おりしも、この本の取材で屏東県政府の方から「屏東で行ってみたいところはありますか？」と聞かれ、「豆油伯！　に行きたいです！」と即答した。

## 醤油の作り方

ところで、醤油はどうやってつくるのか？

材料は、大豆（黒豆もあり）、小麦、塩、そして麹菌（たね菌）、水。

まず、大豆は蒸し、小麦は炒《い》る。ここに、麹菌を加える。この工程は製麹《せいきく》と言われ、発酵に良好な室温が保たれた麹室＝室《むろ》で行われる。だいたい1日で、生きた菌がくっついた醤油麹ができる。これに塩と水を合わせた塩水を加える。これが「もろみ」で、ポリタンクや、木桶などに入れて発酵させる。

発酵も、伝統製法の味噌や酢のように静置《せいち》発酵＝静かに置いておくのではなく、醤油の場合、「もろみ」をかき混ぜる。これは「撹拌《かくはん》」と言われ、人の力で行う蔵もあれば、機械によるところもある。どちらにせよ、もろみの状態を見ながら、季節や気温などに鑑みて、よきタイミングと回数を決めて行う。

その後、熟成期間を経た醤油は、布で漉《こ》しながら絞られる。この絞った液体をろ過して出荷すれば生揚げ醤油になる。ただ、多くの場合、火入れ＝熱を加えて、醤油を殺菌し酵素の活動を止めてから、瓶詰めし出荷される。

日本の場合、小さな蔵なら、だいたい1年かけて醤油を作っている。1月ごろに仕込み、最も発酵がすすむのは気温・湿度ともに上がる6月から7月ごろ。その後落ち着いたところを、晩秋から冬に絞る。

ほぼどこの醤油蔵も、同じ工程で作っている。しかし、「作り手による味の差異を生む」ポイントがいくつかある。

まず材料。大豆は丸い大豆をそのまま使っているかどうか？　え、丸くない大豆って何か？　いい質問です。それは脱脂大豆のこと。大豆を絞って油をとったあとの大豆。大量生産に向いていて、費用も抑えられる。脱脂大豆による醤油は案外多い、いやむしろ主流だ。

だから、丸大豆で作ったものには、丸大豆とわざわざ書いていることが多い。丸大豆のほうがうまみが強いが、油脂が残っているため、重めの味になったり雑味が出るという醤油蔵もある。

その大豆が国産か、有機か、これも様々。塩は国産か？　自然塩か？　小麦は国産か？　有機か？　水は湧き水か？　と材料の小さな違いを上げたらきりがない。

材料の加工段階にも差が出るポイントがある。小麦を鉄鍋で炒るか？　その火はガスか？　薪か？　などなど。

さらに醤油麹をつくるためにふりかける種菌が、自社（蔵）製か？　大企業以外は、日本の多くの蔵が、「もやし屋さん」と呼ばれる種菌屋さんから購入している。

またもろみを何に入れて発酵・熟成させるか？　木桶か？　ポリタンクか？

木桶で仕込む醤油は日本では全体の１％を切っているが、かつてはだれもが木桶で仕込んでいた。酒蔵が使わなくなった木桶は、醤油蔵や味噌蔵に払い下げられ、数十年、時には百年以上、その木桶で仕込まれていた。ＳＤＧｓの具体例として紹介できるこの仕組みは、上流である酒蔵の木桶醸造が激減した結果、絶滅しかけている。

さらには発酵の温度、攪拌の仕方、搾り方……と、シンプルな材料と工程だからこそ、違いがでる。それが発酵調味料づくりの醍醐味だと思う。

## 豆油伯のなにがすごいのか？〜その1　材料

いよいよ「豆油伯」へ。2022年12月、この日の気温は22、23度だったろうか。1年を通して気温が高め、湿度も高めの台湾の南、屏東。こんな1年中発酵しやすい気候で、発酵調味料を作るってどうなんだろうか。

豆油伯へ向かう道すがら、日差しを受けながらそんなことを考えていた。

本社と醸造所は、潮州の街からほど近い、日本統治時代の駅名がそのまま残っている台鉄の竹田駅の近くにある。

豆油伯は、1972年創業。創業者の李安田《リーアンティエン》氏は国立屏東農業学校食品科（現・国立屏東科技大学）を卒業し、日本人の醸造師から技術を伝授してもらった数少ない熟練の醸造職人だ。ラベルにもある「醤油おじさん」は、李安田氏で、大手の醸造メーカーに勤務したのち、この地で創業した。

案内してくださったのは、2代目のご当主　李誠忠《リーチォンヂョン》氏。会社のトップであり、醸造責任者でもある。

まずは原料から。中に入るとひんやり涼しい倉庫へ。とにかくぴかぴかにきれい。床も、壁も、天井までホコリ一つない。日に何度も掃除していることがわかる。住めるな、いや、家よりきれいかも、と思った。

ここでまず驚いたのが、すべての大豆、黒豆（黒豆でも醤油を作っている）が台湾産だということ。しかも、どこの県のどの町でつくられたかだけではなく、誰が育てたかまで記載されている。すべてにナンバリングされてデータとしても管理されているという。

トレーサビリティと言ってしまえばそうだが、日本の醤油工場でそこまで把握しているところを私は知らない。

なぜここまでやっているのか？　答えにさらに驚いた。

「台風も少なくない台湾では、大豆を安定的に確保するのが難しい。そこで、豊作の時に生産者からたくさん買い入れて保管します。そのうえで、台風などで凶作の場合は、種にする大豆さえもなくなるので、私たちが農家に貸し出して、また豊作の時に大豆で返してもらいます。そうすることで、農家は安心して大豆を生産し、私たちも安定的に大豆が確保できる。価格＝農家の収入も安定させることができます。時間をかけて、この仕組みを作ったんです」

「台風で大豆が手に入らなかったことがあるのですか？」と聞いてみたら、

「全滅だったこともあります。だからこそ知恵をしぼることができました。私たちにとって、屏東の恒春半島の大豆農家さんも、それから小麦農家さんも、家族なんです」と李さん。

さらに「ここで保管されている大豆は、すべて台湾産。主に屏東産です。まだ屏東以外の大豆も少しありますが、県外でもできるだけ近いところの大豆にしています。いつかはすべて屏東産にしたいですね。屏東が大豆や黒豆、青大豆の産地だからこそ、ここで醤油を作っているので」

## 豆油伯のなにがすごいのか？～その2　種麹

次に驚いたのが、種麹を自社で作っていることだ。蒸した大豆と炒った小麦にふりかける、もやし、いわゆる菌のことだ。とても専門性の高い仕事なので、大変だったでしょう？と聞くと、

「いや、ほんとうに大変でした。昔は、種菌を外から仕入れていました。でも、それでは、自分の理想の醤油麹にならない。何年も、研究して、私たちの理想の醤油麹を作るための種菌を育てました。2時間おきに起きて様子を見る必要から、1年以上、ほぼ現場に泊まり込みで、家にもほとんど帰りませんでした。培養室を作って、豆油伯の醤油のための理想の種麹を育てた。私にとっては自慢の息子みたいなもの。培養室には入ってもらえないけど、種麹をつけた大豆や黒豆を味見してみますか？」

私はぶんぶんと大きく頷いていた。なぜなら、大豆に種麹をつけて室《むろ》で育てられた、つまりできたての醤油麹を味見したことはなかったからだ。

「醤油の蔵には日本でいくつも行っているけど、この工程を味見させてもらうのははじめてです」と言ったら、「お腹を壊すかもしれないからかな？ うちのは、どの工程を味見しても、大丈夫です。自信がある」と。

## どの工程もおいしくなければならない

人はあまりにもおいしいと、ボキャ貧になると思う。言葉がない、いやいらなくなるのではないか（大事なことなのでもう一度）。

醤油麹、というか麹菌が付着した状態の黒豆を、李さんの掌からつまんで食べた時の衝撃と言ったら。うまい、このまま売ってくれ、と思うほど。生きている菌、そして大豆はほくほくのままだ。感嘆しかない私に、でしょ？ と、ややどや顔で李さんが言った。

「私は、出来上がった醤油がおいしいのはもちろん、途中の全工程がおいしくなければならないと思っています。いや、全工程がおいしくて、はじめて醤油がおいしくなる。醤油麹も、もろみも、しぼったカスまで、全部おいしい、うちの醤油はそうありたい、いやそれがうちの醤油です」

もろみも味見させてもらった。うま味がつよく、この段階ですでに醤油の塩分のカドがなくまろやかで、いつまででもなめていたい上質な飴のようだった。

ところで、ここではもちろん木桶は使っていない。李さんが考案した特殊なポリタンクが主流だ。

しかも蓋をしてある。日本では、木桶に仕込んだ場合、発酵とともに醤油がぶくぶくと増量するので蓋はしない。そして室内、つまり醤油蔵においてある。ここではしっかり蓋をして、屋外で、鳥や虫をよける目の細かい網を張った中に置いてあった。

「発酵の力で、蓋が上がってきませんか？　日本では味噌の場合は蓋をしますが、上に石で重しをしても、発酵が進むと、それを押し上げるほどの勢いになります」

李さんは「そうです。そのくらい強い力で上がってきます。そこで、このタンクはそこも考えた上で試行錯誤して設計しました。小さな小さな穴をあけているんです。外と内部の空気圧の違いの関係で、中の醤油は漏れ出てこないようになっています。そして外から無用な雑菌やごみ、ほこり、微細な虫、そういうものは入ることができない。密閉するようにしっかり閉めているけど、息は十分にできる。保育器のような、完全に守られているタンクを作ったんです」

攪拌するときは、あけて、再び閉める。どんなに面倒でも、一つひとつのタンクを丁寧に面倒みる。とにかく清潔に、難しいけど、作り手が望まない菌はつけたくないから、と。

## 清潔に磨きまくって理想の醤油を育てる

これは、醤油の、いや発酵調味料の作り方の根幹にかかわる話なのではないか？

例えば、木桶に醤油を仕込む場合、その木桶を毎年洗うか？　と問えば、その答えはわかれる。

一方は、洗わない派。なぜならば、その木桶にも醤油蔵（柱や天井）にも、その蔵にしかない菌がついているから。その菌こそが蔵独自の宝であり、その醤油の味を決めると言うのだ。だから150年超えた木桶で見た目がボロボロでも、洗わない。貴重な菌がついた保育器だからだ。もちろん、他の菌も増えたり減ったりしているだろう。そこもそのまま受け止める。

一方は、毎年洗う派。やはり必要な菌以外の菌も付着するのでそのリスクを排除するために、洗う。つまり「望まない菌はつけたくない派」だ。

実はこの2派は、ワインにも。ブドウ自身の酵母の力や菌の力を大切に守りながら作る自然派ワインのワイナリーを回った時、ワインの蔵に仕込んだ樽（またはタンク）を割とラフな状態でおいているワイナリーと、徹底的に磨き上げている蔵（いちばんすごかった蔵は30分おきに磨き、掃除していた）の、2派のワイナリーがあった。

後者の極めつけが日本酒だろう。日本酒は微細な菌の影響を受けやすいからだ。おそらく日本酒の蔵には、洗わない派はいない。特に金賞を獲得するような日本酒（味にブレがない、完璧さを極める方向性の日本酒）の蔵は、1に掃除、2に掃除、3、4がなくて5に掃除だ。私が訪ねたほとんどの蔵が、お掃除の本を出したら？　と思うほど、ピカピカ。中には、毎年、床も壁も、張り替えると言った蔵もあった。

豆油伯は、徹底して「望まない菌はつけない派」だ。実際、まるで日本酒の蔵のように、どこもかしこもピカピカだった。醤油が眠るその特製ポリタンクも、外側は毎日拭いているから真っ白。台座に乗っているので、その下も毎日洗うそうだ。

李さんも日本で古い木桶に仕込まれた〝洗わない派〟の醤油蔵を見に行ったというので、感想を聞いてみた。

「台湾では、そもそも衛生基準がとても厳しくて、あの状況で口に入るものを作るのは許可されません。日本には伝統があるから、守られているのだと思います。私は、原料の大豆の段階から見極めて、途中もすべて完璧に管理してコントロールしないと、きれいな醤油はできないと思っています。それに、調味料は、安易に味がかわってはいけない。毎年同じ味を確実に届けなければならない。そのためには、自分たちの絶対味覚も大事だけど、それだけでは頼りない。数値も測るし、できるだけ同じ条件になるように、同じ生産者さんの材料で、醸造所は徹底的にきれいにして、不純物を排除する。どちらがいいとかではなく、どういう思想で作るか、その違いです。あとはお客さんが決めればいい」

結果は醤油に現れる。好きな味を選べばいい。そう、醤油はし好品ではなく、調味料だ。醤油の味が変われば、料理の味が変わる。いつも使っている醤油の味が変わったら、家庭ならまだしも、料理店ならちょっとした事件になる。

豆油伯では、毎年同じ味をつくるためにも、全工程をできるだけ完璧にコントロールする。それでも、発酵は自然なものだし、気温や湿度、その年の大豆の状態などファジーな領域が必ずある。そこを深く理解したうえで、人知が及ぶ限り、手を尽くす。

「クリーンで、まっすぐな醤油、味わいも重くなくて、澄んでいる醤油を作りたいと思っています。一方で台湾の昔ながらの、懐かしいような甘めの醤油も。それは甘みを足すのですが、その材料にもこだわって作っていますよ」

## 日本でも買える豆油伯の醤油

２０２２年から、日本でも豆油伯の醤油が購入できるようになった。日本橋の誠品生活に４種の醤油が輸入されている。いずれもすべて台湾産の大豆または黒豆と小麦で作られたもの。クリアで何も足していない「金美満《ジンメイマン》」、厳選したショ糖を足した「春源《チュンユエン》」、黒豆で作った「金美好《ジンメイハオ》」、黒豆と大豆の醤油を合わせ昔ながらの台湾醤油の甘さがある「缸底《ガンディ》」の４種だ。シンガポールや香港へも進出している。

この4種は日本でも購入できる

地元の竹田には、すべての醤油や醤（トウチなどを加えたオリジナル調味料）、醤油味のアイスクリームやソフトクリームを売るショップやカフェもある。

「私は父の技術を引き継ぎつつも、変えるべきところは変えてきました。農家さんとの大豆のやりとりの仕組みもそうですし、麹菌を自ら作ることも、オリジナルの発酵タンクを設計することも、新しい試みでした。すべては理想の醤油のためです。しかも、屏東のこの地で農家さんと一緒に作りたい。農家さんが大豆のおいしさに気づかせてくれたから。もうおじさんだけど、これまでもこれからも醤油にささげる人生です」

後継ぎはいますか？と聞いてみた。しばし、間があって、

「答えは難しいですね。私は4人兄弟姉妹ですが、いま、一緒にこの仕事を継いでいるのは、1番上の姉と私だけです。私は経営者でもあるけど、醸造責任者でもあり、醤油づくりにどっぷりつかって、のめりこんできました。1年の半分くらいは現場にいます。きつい仕事でもあるので、どうかなー。息子に継がせるのは、妻が反対するかもしれないですね」と笑った。

李誠忠氏。独自設計のポリタンクの前で

## 豆油伯

屏東県竹田郷履豐村豐振路 2-8 号
https://www.mitdub.com/
MAP P.20-21 54

## 豆油伯勝利星村品牌文化體驗館

※屏東市勝利村にもアンテナショップがあります。
屏東県屏東市青島街 102 号
MAP P.18-19 12

第7章

# 大地と海からの恵み

## カカオの力を信じて、新しいチョコレートへの挑戦

屏《ピン》東《ドン》可《クエア》可《クエア》巧《チィアオ》克《クエア》力《リー》園《ユエン》区《チュ》/屏東カカオパークは、2021年にオープンした屏東のカカオとその加工品のためのテーマパークだ。ツーリストサービスセンターとDIY＝手作り体験館があり、庭にはカカオが植えられ、カカオ農園も隣接している。オール屏東産材料で作られたチョコレートやカカオの加工商品を売るショップもある。

ここに来れば、屏東のカカオ栽培や、チョコレートづくりを知ることができる。観光客だけでなく、世界のショコラティエ＝チョコレート専門の菓子職人や、チョコレートメーカー、これからチョコレート業界に参入しようとする企業も、やってくる。みんな〝屏東のカカオの可能性〟に惹かれる人々だ。

## 台湾でカカオ？

カカオは南米のイメージが強く、台湾でカカオ？と聞くと驚く人も多い。しかし、台湾、特に南部にはもともとカカオが自生していた。原住民は、カカオの実を食べたり、かたい外側の皮を加工して生活雑貨を作ったりしていたという。

そのカカオに目をつけたのは台湾政府だった。そして、南部で盛んだった檳榔《びんろう》の栽培をやめて、カカオやアボカドに転作すれば、補助金を出す、という政策を打ち出す。

檳榔はヤシ科の植物で、その種をつぶし葉に包んだものを、噛みたばこのように噛むことで高揚感がえられるし好品だ。しかし口腔がんになりやすいなどの健康被害が報告されている。そこで台湾政府は、檳榔愛好者を減らすために、檳榔農家をカカオやアボカド農家にしようとこの仕組みを作った。

「2000年頃からカカオ栽培が推奨されましたが、カカオは栽培から収穫まで時間がかかるし、売り先もなかったので、増えませんでした。その後、屏東にチョコレートメーカーもできてきたのは、2015年頃から、やっと台湾のカカオが注目されるようになってきたんです」と話してくれたのは、屏東カカオパークのPRを担う、葉暁恬《イエシアオティエン》さん。スタッフからもお客さんからも生産者からも、屏東カカオパークのお母さん、カカオママと呼ばれている。

## カカオの実がチョコレートになるまで

葉さんにカカオがチョコレートになるまでの工程を展示を見ながら教えてもらった。

カカオをチョコレートにするためには、まずカカオ豆にしなければならない。

カカオの実は直径20センチくらい、ラグビーボールのような形をしている。硬い殻を割ると、中からは乳白色の果肉がみっちりと連なった不思議な形のモノが現れる。食べてみると、この果肉は甘酸っぱくて、酸味があり、むちっとしていて、マンゴスティン（東南アジアで人気のフルーツ）に似ている。この果肉に包まれているのが、カカオの種子だ。1個のカカオに平均すると40粒くらいはいっていて、これがカカオ豆になる。

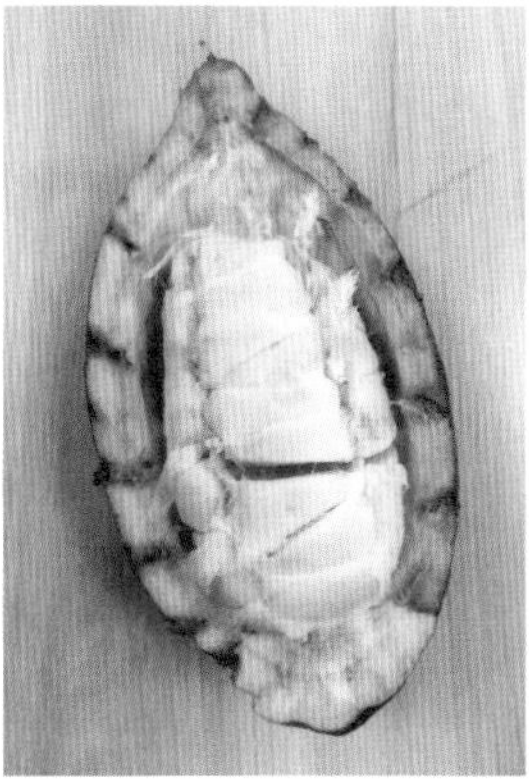
生のカカオ。半分に割ったもの

果肉ごとバナナの葉を敷いた発酵器（見せてもらったものは木製で角型の大きなせいろのようなもの）に並べて、湿度の高いところに置き自然発酵させる。種の周りの果肉は微生物の養分になるそうだ。発酵が進む中で、果肉は自然に解け落ち、種だけが残る。

これを天日に干す。水分量が40％ほどある状態から、7、8％になるまで乾燥させると、カカオ豆になる。多くのカカオ生産地ではここまでの作業が行われ、出荷される。

これをチョコレートにするには、まずカカオ豆を焙煎する。もともとのカカオ豆の個性に加えて、浅煎りか、深煎りか？でチョコレートの味わいが違ってくるそうだ。焙煎して外側の種皮を取り除き砕くとカカオニブになる。これをすりつぶして、ペースト状にし、砂糖や乳製品などを加えてチョコレートにしていく。

鐘明文さんと葉曉恬さん。カカオの木と

工程を知って、〝チョコレートって、ワインやチーズと同じように農産品なのね〞と驚きとともに、深く納得した。

「まだ屏東のカカオははじまったばかりです。気候も土もぴったりなので、南米の生産者のように、カカオの実からカカオ豆にするところまでやるカカオ農家が増えれば、屏東が世界を代表するカカオ産地になる日が来ると信じています」と言うのはカカオ栽培農家で、カカオ豆も作っている、鐘明文《チョンミンウェン》さん。元パティシエで自社でチョコレートも作っている。日本からも著名なショコラティエが視察に来て、鐘さんのカカオ豆を輸入するようになったと言う。

「アジアの国々は、距離のメリットもありますよね。台湾からカカオ豆を輸入するのもいいし、日本企業が台湾でカカオからチョコレートまで一貫生産するのもいいと思うんです。『BEAN TO BAR』、さらには『TREE TO BAR』も可能になります」と鐘さんは目を輝かせた。

## 「BEAN TO BAR」そして「TREE TO BAR」へ

「BEAN TO BAR」チョコレートとはBEAN（＝カカオ豆）からBAR（＝チョコレート）までを、一貫して作ろうという新しい考え方から生まれたチョコレートで、アメリカから広まったそうだ。

多くのチョコレートメーカーは、カカオ豆からではなく、加工しやすい製菓用チョコレートをメーカーから購入し、様々なチョコレート菓子に加工している。

一方、「BEAN TO BAR」の場合は、生産地からカカオ豆を購入し、チョコレート菓子にするまでを1社で行う。さらに、「TREE TO BAR」となれば、カカオの実からカカオ豆に、そしてチョコレート菓子までを、すべて自社でやることを指す。

以前、フランスのヴァランスで、ヴァローナ社（製菓用チョコレートの世界的なメーカー）の「La Cité du Chocolat」（チョコレート博物館）を訪ねたことがある。

そこで、驚いたのが製菓用チョコレートの種類の豊富さだった。カカオの含有量による違い、ラズベリーやオレンジ、マンゴー、キャラメルやはちみつ、スパイスやハーブなど添加されたものの違い、色の違い、と、バリエーションは無限大だなと思った。ショコラティエやパティシエなら無限にチョコスイーツのレシピが浮かびそうだ。

ここまで製菓用の材料としてのチョコレートが進化し、充実しているのに、なぜ今「BEAN TO BAR」なのか？

ひとつは、プリミティブなチョコレートへの回帰がある。豪華で加工をこらしたチョコレート市場が成熟し、1粒5000円といったチョコレートも珍しくない。だからこそ真逆の、〝なにもしていないチョコレート〟が新しい、と。

シンプルなBAR＝板チョコで、チョコレートそのもの＝カカオを味わう、新しいベクトルの贅沢さとでもいおうか。ヴァン・ナチュール＝自然派ワインが注目され、草だけを食べた完全放牧牛や羊の肉やチーズが注目されるように、農産品としてのカカオ＝チョコレートの魅力が求められるようになってきたのだ。

さらに健康志向も拍車をかけた。カカオは、ポリフェノール、鉄分、マグネシウムなどの栄養素が含まれ、抗酸化作用もあるスーパーフードとして注目されている。結果として、カカオ含有率が高く乳脂肪分を最小限にしたチョコレートが注目されるように。そんな中で、「BEAN TO BAR」で、世界を驚かせたチョコレートメーカーが、屏東・東港にある「FU WAN CHOCOLATE／福湾《フーワン》巧克力」だ。

## 世界を驚かせた、台湾の板チョコ

2016年、当時誰も知らなかった台湾のチョコレートメーカーが、権威あるインターナショナルチョコレートアワードを受賞したのだ。「FU WANて？　どこにあるの？」。チョコレート業界がざわざわする出来事だった。

商品は9割がBAR、つまり板チョコ。華美さはない。しかしひとかけら口に含むと、ふわーっと深みのある味わいと香りがじわじわと鼻腔にまでのぼってくる。

自社製のカカオに東港近郊のフルーツや茶葉、スパイスを組み合わせるのが福湾流だ。

創業者の許華仁《シュファレン》さんは「変わったことはしていません。カカオの栽培からチョコレートまでの全工程を自分たちで行い、チョコレートバーにするときは、手をかけすぎずシンプルにカカオの力を活かしきる、その上で、台湾らしさ、屏東らしさを感じてもらえるようにローカルの食材で、風味や味わいを組み立てる、それだけです」と言う。

福湾巧克力は、創業3年目の2017年から、「BEAN TO BAR」を超えて、「TREE TO BAR」でチョコレートを作っている。しかもカカオはオーガニック。自社と契約農園で有機栽培でカカオを育てて収穫し、自社でカカオ豆にし、チョコレートに加工しているのだ。

さまざまな味わいを生み出すフルーツやスパイス、茶葉などは、すべてを屏東にある工場から80キロ以内で調達している。月桃の葉、ライチ、マンゴー、シナモン、桜エビなど、屏東産のものが多い。最近、自社農園でクローブやバニラの栽培も始めた。

「僕は料理を勉強して、シェフになりました。そんなタイミングで、父から、チョコレートをやってみないかと誘われたんです。正直すぐにはピンとこなかったので、父に返事をする前に妻と2人でチョコレートの勉強をはじめました。イギリスで世界的権威のチョコレートの学校に行き学ぶうちに、チョコレートってカカオから生まれるものなんだ、つまりこの土地から、風土から生まれるんだと気がついたんです。それで、華やかなチョコ

カカオ豆を天日に干す許さん

レート菓子ではなく、農作物であるカカオを活かしきりたいという思いがふくらんでいきました。よし、この屏東の地でカカオの栽培からチョコレートにするまでをすべて自分たちでやってみようと。だから、屏東のカカオの風味や個性、台湾にしか出せない味をとても大切に考えています。屏東テロワールですね」

すると本人が思う以上に早く、世界から高く評価される。2016年のアワード受賞以降、世界各地で100を越えるさまざまな賞を受賞し、2019年にはICAインターナショナルチョコレートアワードで世界最良のダークチョコレートに選ばれた。チョコレートそのものの味わいが高く評価されたのだ。

「台湾カカオの特徴が強く出ているシンプルなダークチョコレートで、ダークバーチョコレートの最高賞『Best in competition』を受賞しました。言葉にならないくらいうれしかったです。僕らのふるさとのカカオの品質とチョコレート作りの技術が国際レベルに達している、と証明されたんだと。僕も、カカオを育てている人も含む僕らのチームもこれでまちがっていなかったっていう自信を持つことができました」と人懐っこい笑顔で言う。

「それに、カカオとチョコレートを通じて、台湾のカルチャーを世界に発信できることがとても誇らしかった」と。

## 地元のカカオ農家とともに成長する

ここで使うカカオは、有機栽培であるだけでなく、すべてだれがどこで作ったのかわかるようになっている。カカオは生産者ごとに管理され、カカオ豆になるまで途中で混ざることはない。

「カカオの風味はデリケートで、チョコレートにとってとても大切なものです。どんなカカオかで味が違う、ワインも同じですよね。これからは、自分たちのカカオ豆を熟成させた熟成カカオでヴィンテージチョコレートも作っていきます。それも「TREE TO BAR」だからこそできること」と許さん。

2021年末までに23の農家と契約を結んだ。除草剤も化学肥料も殺虫材も使わないことを約束してもらい、その代わり、収穫に関係なく最低買取価格を保証する。土壌検査や、より質の高いカカオの研究は福濟巧克力が行っている。

すべては、「TREE TO BAR」という、〝健やかなカカオ〟ありきのチョコレートのためだ。

PRを担う妻の林琬婷さんと

## 屏東可可巧克力園區

屏東駅からバスで30分ほど
https://www.facebook.com/pingtungcacao108
MAP P.20-21 30

## 福灣巧克力

屏東県東港鎮大鵬路100号
※福灣巧克力台北101店もある。
台北市信義區市府路45号B1
Fuwan Chocolates (fuwanshop.com)
MAP P.20-21 41

# マンゴー

## 台湾最南の最高のマンゴーを探しに

マンゴーといえば台南を思い起こす人が多いのではないだろうか。特に台南の玉井《たまい》は、日本人もわざわざ訪ねて行くマンゴーパラダイスとして知られている。

しかし、私はもっと好みのマンゴーを発見してしまった。屏東県・枋山《ぼうざん》の愛文《アイウェン》マンゴーだ。何しろみずみずしいのに、水っぽくない、果汁が濃く、その1滴までうまい。ともすれば人工的に感じる、まったりとしたしつこい甘さがなく、さわやか。〝甘酸っぱさ〟が絶妙なのだ。1個まるっと1人で食べてしまいたくなる。

そこで、海沿いをマンゴー、マンゴーと歌いながら南下した。枋山は屏東県の南、海沿いにある、台湾最南のマンゴー生産地らしい。

## ひと枝に1個、枝で成熟させてから収穫する

待っていてくれたのは盧旺昇《ルーワンシォン》さんご夫妻。若くハンサムな夫、とってもチャーミングでおしゃれな妻。おふたりに案内してもらった畑は、おりしもマンゴーの花が満開。皆さんはマンゴーの花を知っているだろうか。私は見たことがなかったのでその姿にびっくり。

満開のマンゴーの花

若き3代目盧さんご夫妻

1つの枝にわさわさと数十の珊瑚色の花がびっしりと咲いている。この一つひとつの花がすべてマンゴーの実になる可能性を秘めているというのだ。ただ野生のマンゴー（台湾にはよくある）でも、これが全て実になるわけではなく、鳥に食べられたり、風にあおられたりしながら、自然に間引かれ、だいたいひと枝に2、3個が生き残り、私たちが食べるようなサイズのマンゴーになるそう。

盧さんの農園では、ひと枝に1個と決めている。枝についた状態で十分に成熟させるために、いくつかの実の中から最も力強いマンゴーを選び、残りは早い段階で摘《てき》果《か》するのだ。成熟を加速させる肥料や薬は一切使わず、枝についた状態で完熟させ、販売あるいは配送するその日に収穫している。

## 自分を育ててくれたマンゴーを守る

旺昇さんがマンゴー農園を継いだのは2009年のこと。子供の頃からマンゴーに囲まれて育った。そのせいで、マンゴー農家にだけはなりたくないと思い、台南で全く違う業界の会社に入った。

ある時、父親の盧登基《リュドンジー》さんから電話がかかってきた。

「もうマンゴー農家をやめようと思う。身体もきつくなってきたし、インターネットも出てきて、新しい販売の仕方にもついていけないし」

「それは良かった」と思うはずだった。しかし、口をついて出たのは「いや、待って。自分が後を継ぐから」という言葉だった。自分でもとても驚いたそうだ。

「やめる、畑を売る、と聞いて、ものすごく動揺している自分がいました。考えてみれば、自分が今ここにいるのはマンゴーのおかげ。祖父がはじめて、父がつなぎ、育てたマンゴーのおかげで、学校にも行かせてもらい、ここまで成長させてもらった。それをやめさせてしまっていいのか？　いちばん大切なものなんじゃないか、と思って」

旺昇さんは仕事を辞めて枋山に戻ってきた。そしてマンゴーについて一から父に学んだ。少しずつ、新しいことにも挑戦した。若い自分だからこそできる、新しい販売の仕組みや、ＰＲ、そして生産方法にも自分なりのやり方を見出すようになった。

## 滑降風と海風、斜面にあたる強い日差し

「ここのマンゴーがほかの地域と違うのには理由があります。まず風です。この地域は山からものすごく強い風が吹くんです。海からかなり急な角度で切り立つ山になっていて、その斜面を滑降してくるように、吹き降ろす滑降風です」と旺昇さん。

実は屏東市で、枋山にマンゴー畑の見学に行くと言ったら、友人から、「風がものすごく強いから、しっかりパーカーを着て行ったほうがいい」とアドバイスされていた。実際畑に立つと、この日も山からの吹き降ろしで、髪もパーカーも舞い上がった。

「さらに海風も強い。海からの風は急斜面を吹きあがってくる塩分を含んだ湿気のある風です。この2つの風が、マンゴーを鍛える、というのかな、強く甘くするんです」

吹き降ろす滑降風は、マンゴーの水分を奪っていく。これによりマンゴーの果汁の濃度があがる。幹も枝も自身が踏ん張って強くなる。海からの風は、塩を含んでいて、こちらもマンゴーの水分を奪いながら、塩味を足していく。

想像してみてください。いや、やってみてください。水っぽいトマトに塩をふると、トマトから水気が抜けてそのトマトはぐっと甘くなる。しかもほんのりと塩分が入ることで、甘みをより強く感じるようになる。

つまりここのマンゴーは水分を抜かれながら成長することで、本来持つ果実味が濃くなり、塩によって甘みが強められる。

さらに肥料にも工夫がなされているという。

「この近くに酪農を営む方がいるんです。ただ冬は牛乳が売れ残ってしまうと聞いて、それを全て買い上げ、肥料としてマンゴーに撒いています。マンゴーにとっていちばん栄養が欲しい時期が冬だから。肥料もできるだけ人が口に入れても良いものを与えたい。父もそう考えていましたが、私の代になってさらに強まりました。子供が生まれたからかもしれませんね」

## 若い2人が、はじめたこと

2人の出会いを聞いて、ちょっとびっくりした。台湾と中国・福建省は昔から往来が盛んで、台湾にはルーツが福建省で向こうに親戚がいる人たちも多い。

陳珍《チェンヂェン》さんは、福建省の省都・福州（大都会！）で美容師の仕事をしていた。親戚の結婚式のために屏東に来て、旺昇さんと出会ったという。

「福州の大都会で、美容師という華やかなお仕事を辞めて、いきなり台湾の屏東県・枋山で、しかも、農業とは……大変じゃありませんでしたか?」と聞くと、「最初は大変でした。でもこのマンゴーを世界に届けたいと言う夫の夢は、私の夢になりました。今は2人でもっとたくさんの方に食べてもらうためにどうしたらいいか、もっとおいしいマンゴーを作るにはどうしたらいいか、一緒に考えながら、楽しく暮らしています。毎日おいしいマンゴー食べられますしね」と。

そして、このマンゴーを1年中食べたいと思った彼女が商品化したのが、フローズンマンゴーだ。これまでの冷凍マンゴーとは違って、加糖なし、香料も一切足さずに、大ぶりに切ったマンゴーがそのまま冷凍されている。

アイスバーも作った。ただアイスバーの形に細長く切ったマンゴーに棒をさして冷凍しただけの、シンプルこの上ないもの。なんというヘルシーさ！ ありそうでなかったこの商品がヒットした。

さらに私が驚いたのは摘果マンゴーのシロップ煮だ。先に説明した通り、マンゴーはひと枝に

摘果マンゴーのシロップ煮

1つの実にするため、青い若い段階で他の実を摘果する。この段階のマンゴーは酸っぱくてそのまま食べるのは難しい。それでマンゴー農家の人たちは、この実を砂糖で煮て、シロップにつけて保存して食べている。

彼らはこれを商品化した。農家が自家用に少量作っていた摘果マンゴーのシロップ煮のレシピを作り、他のマンゴー農家にも声をかけ、みんなで作るようにした。生産量をある程度確保し、パッケージをデザインし、冷凍状態で流通させることで、台湾全土に届けられるようになった。

同時に、多くが廃棄されていた摘果マンゴーが救済された。マンゴーのオフシーズンに当たる冬場のヒット商品として、今では台湾各地のセブン-イレブンで販売されている。

完熟したマンゴーはもちろんおいしいけれど、正直この摘果マンゴーのシロップ煮がおいしすぎて、私は台湾に行くと必死で探すようになった。

## 1個のマンゴーから、この土地を思う

旺昇さんにこれからの夢を聞いてみた。

「枋山マンゴーのおいしさをもっと多くの人に知ってほしいと思っています。

また、摘果マンゴーももっと活かしたい。この地域のマンゴー農家全体とレシピや商品開発の

ノウハウを共有して、みんなが豊かになれたらいいなと思っています。今は、マンゴーを日本、韓国、香港、中国、シンガポールに輸出していますが、もっと広げられたらいいですよね。1個のマンゴーを食べることで、このマンゴーが生まれた屏東の海と山に挟まれた独特の土地、枋山に思いを馳せてもらえたら嬉しいです」

屏東県枋山は台湾のマンゴー生産地の最南端。平均気温が他の生産地より高いので、旬も早めで4月、5月が最盛期だという。一足早く届けられるのも、強みだ。

もしマンゴーシーズンに台湾を訪れたら、屏東・枋山の愛文マンゴーをぜひ見つけてほしい。

**盧家芒果**

屏東県枋山郷枋山村中山路4段24-5号
https://mango-lu.jp

MAP P.20-21 28

# パイナップル

## 台湾パイナップルはなぜおいしい？

パイナップル畑。袋掛けされている

山裾まで見渡す限り一面のパイナップル畑。

観葉植物のユッカのようだけど、もっと硬くとがっていて、触ると痛そうな葉が、実＝パイナップルがなる茎を中心に直径80センチ～1メートルの円形に広がっている。扱いにくそうなその硬い葉の真ん中にたった1個のパイナップル。えらく場所をとるその株が永遠に続く。葉の鋭さと、色褪せたグリーンが、アメリカのアリゾナとか、そんなイメージを抱かせる。手入れされているのに、荒涼、という言葉が浮かぶ。

この畑に人が入り、手入れし、収穫するのか。これは大変だな、と思わずつぶやいてしまった。しかも、植えてから収穫までに18カ月から20カ月かかるという。ええええ!? 1個のパイナップルが出来上がるまでに1年半！ 知っていましたか？ ともすれば日本で1個

銀獅農園の洪銘聰さん。左手にはアボカド

400円の台湾パイナップルが、1年半がかり。いいのかな、400円で、と心配になってくる。

案内してくれたのは、洪銘聰《ホンミンツォン》さん。

「たまに、枝分かれして複数の実がなることがあって、2個まではおいしいけど、3個目はおいしくないから、摘果します」

基本はあくまで1株に1つだという。

「大きくなってきたところで、私たちの農園ではすべての実に袋掛けします。虫よけには、農薬を撒くより、手間がかかっても袋掛けのほうが安全だから。それから、最もいいタイミングで収穫します。その時、腰をかがめてすべて手で収穫するんです。腰が痛いのが、唯一のつらいことかな」

## 自然なおいしさを追求するために

銀獅農園は、屏東、いや、台湾有数のパイナップル農園だ。2023年には「神農賞」を受賞した。神農賞とは台湾政府が認めた最優秀農家に与えられる賞で、台湾全土から農業経営に意欲的に取り組み、優れた功績を挙げた20の農家（たった20！）が選出される。2023年の受賞者でパイナップル農家は銀獅農園のみ。

ここではパイナップルを、畑の区画ごとに味見する。同じ時期でも畑によって味が微妙に違うからだ。エースの畑ってあるのですか？ とお聞きした。

「まず、ここ屏東の土地はパイナップルにとても合っているんです。中でも、日当たりのいい赤土の畑のパイナップルがおいしいと気づいたの。ちょっとした地質の違いで味が違う。石が多めの畑を借りて作ってみたら、繊維がさけやすかったり。それで、今は、すべて赤土にしました。だから、みんなエースの畑」

実際に味見をさせてもらうと、これまで私が食べてきたパイナップルよりも甘みが強い。そしてほどよい酸味もある。甘いだけでなく、味が濃いのだ。時に日本で台湾パイナップルを食べると、あっさりしていると感じることがあるが、洪さんのパイナップルは真逆だ。その秘密はどこにあるのだろう。

「私たちはパイナップル本来のおいしさを追求しています。肥料も、主に賞味期限切れの粉ミルクとサトウキビを混ぜた、パイナップルのためだけに長年研究して生み出した自家製有機肥料を使っています」

洪さんの畑では、ホルモン剤等の成長を促進させる農薬は使っていない。それもあって収穫までに日にちがかかるのだという。畑ごとに、収穫のタイミングを見極めるのはとても難しいが、大切なことだ。

「3月、4月は少し酸味が強く、5月になると甘すぎる。収穫期はすべての畑で毎日味見をして、もっともいい状態のものを収穫します。味見以外にも、最新機器で糖度も計ります。早く出荷することを求められるけど、うちではパイナップルが完熟するまで決して出荷しないんです」。さ

日本へ輸出される「金蜜」

らに、収穫後のパッキングから出荷まですべて自分たちでやることで、パイナップルの品質を落とさずに届けられるように工夫している。

## 芯までおいしいパイナップル

台湾パイナップルの歴史は古い。そもそも台湾ではパイナップルは縁起のいい果物。商店の店先にパイナップル型のかけ紙や灯篭が飾られているのを見たことがないだろうか。パイナップルを台湾語で発音すると「鳳梨《オンライ》」となり、繁栄や幸せ、運命などを意味する「旺來《オンライ》」と似た発音になる。しかも金運を象徴する黄色い果肉。そこで、金運、幸運を呼び込む縁起のいいフルーツとされているのだ。

またパイナップルの缶詰は、日本統治時代の一大産業でもあった。戦後、缶詰工場こそ減ったが、パイナップルのおいしさを追求する研究は続いた。独自の品種改良を続けた結果、台湾にしかない品種が多数生まれる。マンゴーパインと呼ばれる台農23号や、繊維がやさしく芯まで食べられる台農17号は、おいしさが世界で評判を呼ぶようになった。

洪さんは23品種のパイナップルを作っている。中でも感動したのは、洪さんが「金蜜」とネーミングしている、〝芯まで食べられる〟台農17号。

芯に甘みと独特の食感があって、私はこの芯の部分が、そこだけ食べたいくらい好きだ。一度食べたら、普通のパイナップルには戻れなくなる。1玉の大きさが、フィリピン産のものより小ぶりでも、切るとボリュームがあるのは芯も食べられるから。カットが楽なのもうれしいポイント。

銀獅農園では、収穫した70％を日本に輸出している。残りの30％は台湾各地へ。中国が台湾のパイナップルを輸入しなくなってから、以前より多くの台湾パイナップルが日本へ来るようになったのは周知のとおり。この景色と作業を知るとまた味わいが深まる気がした。

## 台北ガールが屏東のパイナップル農家に

台北から屏東へは、新幹線と特急を使えば、3時間足らずで行くことができる。東京と大阪のようなものだ。しかし、台北の人に屏東へ行くというと、少なからず「そんな遠くへ？」と言われる。友人から「台北生まれで台北に住む人は、最近、揶揄も込めて、漫画ＯＮＥ ＰＩＥＣＥ（ワンピース）に登場する『天竜人』と呼ばれるのよ」と聞いた。台北以外で生まれ育った人から見ると、きらびやかな別の国にいる特別な人々、という意味らしい。

洪さんは、台北生まれの〝天竜人〟だ。どんな思いで屏東にやってきたのだろう？　しかも、台北の大手企業で働くエリートから、パイナップル農園への転身。私なら躊躇しそうだ。

「夫と出会って結婚したので、夫が屏東に帰ると言えば、一緒に来るのは当たり前でした」

東京に生きる私としては、30代の女性が、躊躇なくこんなことを言うのがちょっと意外なのだけど、「夫についていくのは当たり前」と堂々と言う台湾女性は少なくない。

「夫は祖父の代から続く農園の3代目。でも、屏東に戻っていきなりパイナップル農園を継いだのではなく、まずは屏東で就職して別の仕事をしながら、週末に手伝うだけでした。そうして少しずつ慣れていったんです。今は、私たちが中心になってやりながら、わからないことをお父さんに聞きます。夫が導入した新しいやり方や技術もあるけど、昔ながらのいいことはそのままに」

台北の生活が恋しくないのだろうか。

「今は、家族で仕事をしているのがとても幸せ。素直に助け合えるから。それに台北で仕事をしていた時は、自分で自分の時間をコントロールできなかったけど、今はできます。例えば肥料をやるにしても、絶対に今日でなければだめってことはないから、自分で時間配分しながらやっています。華やかなことはないけど、家族で過ごす時間はたくさんある。なによりも、育てているうちに、パイナップルが自分の子供みたいに思えてきて。1年以上大切に育てて、1つの幹から1個でしょう？　大変だけど、だからこそ収穫の時はすごーく、すごく感動します」

## 屏東アボカドの衝撃

これからの夢を聞くと、「うちのアボカド」を出してくれた。日本で流通する南米産のアボカドの3倍くらいの大きさだ。

「昔、檳榔（台湾のし好品）畑だったところを、アボカドに転作しました。アボカドは比較的育てやすくて、ここ屏東の土地にもとてもあっているみたい。お味どうですか？」

なに、このおいしさ！！！ とびっくりしてしまった。今までのアボカドは何だったのかと思うほど。

繊維がやさしくて、スムーズ。果肉が大きいから大味かと思ったら、とんでもなく細やかでやわらかく、つぶして使うにも使いやすそう。洪さんはスライスして屏東産のはちみつをかけて出してくれた。そんなヘルシーデザート的な食べ方も楽しめる。

日本に入ってきたら爆発的にヒットするのでは？ 南米よりも近いから輸出コストも抑えられそうだし。なによりも完熟かどうかの確認もしやすい。あの、スーパーでどれにしたらいいかしばし立ちすくむ「アボカドの迷い」がなくなるじゃないか。

日本に輸出したらきっと喜ばれますよ！ と言ったら、目をキラキラさせて「本当？ うれしい。日本にはメロンやイチゴ、ブドウなどおいしい果物がたくさんあるでしょう。台湾には、パイナップルとか、ナツメ、獅子頭、マンゴー、バナナなどがあるから、お互いに補完しあって、1年中おいしいフルーツが食べられたらいいなって思っています」と。

洪さん、次は〝屏東のアボカド〟を待っています！

**銀獅農莊**

屏東県高樹郷泰山村沿山公路3段29号
https://www.facebook.com/silverlion626

MAP P.20-21 68

# 桜エビ

## 桜エビとの出会い

桜エビ。静岡・駿河湾の宝石と言われ、日本では春と秋に水揚げされる、小さな高級エビだ。桜色の姿と、やわらかな、あたかも殻がついていないような身、そして風味の良さで愛されている。

桜エビのシーズン中は、この桜エビを食べた鯵も珍重される。開くと身がほのかにピンクに染まっていて、お腹の中から桜エビがでてくることもある。漁獲高（あがった魚の総額）日本一を誇る駿河湾の豊かさを感じる。

実はこの桜エビ、駿河湾だけで揚がるとよく言われているが、台湾・屏東にも水揚げしている港がある。それが東港だ。

「30年ほど前、このちっちゃなエビが桜エビと呼ばれて、日本で高値で取引されると聞きました。それで、思い切ってエビ専門の漁師になりました」

そう話してくれたのは、蔡財安《ツァイツァイアン》さん。東港の漁師の家に生まれた4代目、海に出て40年になるベテランだ。

「それまでは、桜エビがたくさん網にかかっても、他の魚の餌にしていました。だから、日本での評価を知ったときはびっくりしましたよ。以来、大切に扱うようになりましたけどね。7割は日本に輸出しています」

台湾の人は食べないと聞いてびっくりしていると、数種類のエビの乾物を出してきて説明してくれた。桜エビのほかに、富山の白エビくらいの少し大きめのサイズのもの、さらに大きい小指くらいある真っ赤なエビ、逆に桜エビより小さな、アキアミ。

「台湾でよく食べるのは、この少し大きいエビで、赤エビと呼ばれています。干しても美しく赤いし、殻は桜エビより硬いけど、身の食べ応えがあって台湾人はこっちが好き。ただ、桜エビは日本で高価だと知った人は食べたがるけどね」

しかし、この数年、漁獲量は激減しているという。

蔡財安さん。東港の港で

## 海で生きていけるのか？

東港でも駿河湾同様桜エビ漁師は組合を作り、漁獲量をコントロールしている。資源を守るため、一定量以上は捕らないことや、組合にはいらなければ漁ができない仕組みをつくり守っているそうだ。

「東港の場合、だいたい11月から5月が漁期。平日、夜中の3時ごろ出港します。1時間くらい行ったところが漁場で、小琉球に近いあたりが多い。情報はマグロ漁に行った人から教えてもらいます。ポイントを定めたら網をおろして捕るんだけど、桜エビ以外もいろんなエビが入りますよ。相対的に桜エビは減っているね」

陸へ戻ったら、エビの競りがある14時に間に合うように丁寧に仕分けする。想像してみてほしい。あの小さなエビをできるだけ傷つけないように、細心の注意で行われる作業だ。

「桜エビは1箱が15キロくらい。組合では1日に10箱以上は捕ってはいけないと決めています。ただ、この数年は少ない日は、2、3箱。5箱捕れたらいい方で、7箱なら上等だね」

なぜ漁師に？と聞くと、

「漁村で、漁師の家に生まれ、生まれた時から家に船がありました。自分が手伝えば、誰かほかの人を雇わなくて済むでしょう？そんなことを思って手伝っているうちに、漁師になっていた。18歳で兵役を終えて、あとはずっと漁師。なぜ、とか、考える間もなかったというところかな」

これからは養殖がもっと盛んになると思うと蔡さん。最近は小さなエビ（7ミリほどの白いエビ）がよくあがるため、かなり安価なエビだが、こちらの商品化にも力を入れているという。

「海で生きていくのは、どんどん難しくなっていくのではないかと、残念ながらそう思います。自分たちの世代が、最後になるのかもしれないね」

## ふるさとを守る「王船」をつくる

蔡さんにはもう一つの顔がある。

東港の信仰の要である東隆宮。そこで3年に1度行われる「東港迎王平安祭典」。重要無形文化資産にもなっていて、全世界から観光客やメディアが集まる大きなお祭りだ。

その祭りのクライマックスである最終日、「送王」と呼ばれる、王爺《オンヤア》という神様が疫病神を引き連れて出航する儀式がある。この儀式のために10メートルを超える王爺のための船、王船が作られる。それはそれは豪華な船だ。

この王船造りに参加することができるのは、様々な分野で選ばれた第一級の職人たちのみ。神聖な作業で、その人柄や功績も重要視される。蔡さんはこの王船の大きく美しい帆をつくり奉納している。

「これは自分にとってとても大切な仕事。携われるだけでありがたいです。東隆宮は海を、そして僕らを守ってくれているからね。生かされているという感謝の気持ちで、奉納しています」と言う。

王船は完成する日まで、造っている職人たち以外は見ることができない。そして祭りの時、はじめてお披露目される。しかしなんと、数日後、早朝の吉時を選んで、火が投じられ、港で燃やされるのだ。人々の厚い信仰の象徴だ。

「次の祭りは2024年。もう王船造りは始まっていて、私もそれにあわせて帆の図面を書いて、準備しています。自分にとって、生きがいそのものなんです」

## 東港東隆宮

屏東県東港鎮東隆街21-1号
https://www.66.org.tw

MAP P.20-21 43

＊2023年1月取材。2024年「東港迎王平安祭典」の開催日は神様が決めるため、未定。事前に東隆宮HPなどで情報の確認を。

屏東の

# おいしいお店とおみやげ

＊データは2023年8月時点に基づく。訪問の際は事前に最新の情報を確認して下さい。

## 屏東市

屏東市は駅から徒歩圏内に観光夜市があり、昼夜やっているので、まずはそこで目に留まったおいしいそうなものを！

### 屏東観光夜市

屏東県屏東市民族路36号

#### 魟魠魚焿《トゥトゥォユーゴン》

夜市の入口にあり、毎日行列。からっと揚げた鰆に、ごはんか、麺（米麺や春雨など）をそえて、旨みのある餡をたっ～ぷりかける「土魠魚羹飯《トゥトゥォユーゴーファン》（麺《ミィェン》）」が名物。迷ったら指差しオーダーで。

屏東県屏東市複興路9号

営業 0:30-7:00（不定休）

土魠魚羹麺

#### 新園正宗廣東汕頭火鍋《シンユェンヂォンゾングゥァンドンジャントウフォグゥォ》

屏東夜市は鍋が旨い！と評判。こちらはそのきっかけになった店。肉はやや霜降りの牛肉が人気。野菜や魚丸（すりみボウル）や麺は自分で選ぶ。たれの沙茶醤《サーチャージャン》（香港に近い潮州発祥といわれ、香港、広東でもよく食べる）が美味。

屏東県屏東市興市巷13号

営業 11:30-14:00、17:00-23:30（火曜休）

#### 上好肉粽《シャンハオロウゾン》 夜市店

1926年創業。南らしい餅のようなむっちりした粽に甘辛のたれをかけて。

屏東県屏東市民族路23-25号

営業 8:30-23:30（週2休）

#### 驛前大和咖啡館

日本統治時代、1939年開業の「大和ホテル」をリノベーションし、カフェに。
1人分のドリップコーヒーパックは種類も豊富でお土産におすすめ。2、3階はホテルに改装中。

屏東県屏東市民族路163号

営業 9:00-18:00（不定休）

#### 屏東縣立圖書館總館と春若精品咖啡（總圖館）

2021年に築30年の建物をリノベーションした美しくモダンな図書館。「森林図書館」と呼ばれている。1階のカフェのコーヒーがとてもおいしい。木々を眺めながら。

屏東県屏東市大連路69号（千禧公園内）

営業 9:00-21:00（月曜休）

# 潮州鎮

特急が停まる駅前から繁華街は少し離れています。まずは日本統治時代の建物が残る潮州日式歴史建築文化園區を目指して。

## 玫來晏趣《メイライイェンチュ》..製麵小農農莊《ジーミィェンシァオノンノンヂュァン》

台湾ではお馴染みの“麺線”。同じに見えて、やはり作り手で違います。抜群においしいこちらの麺は、すべて厳選した台南の小麦を使い、夫婦ふたりでほぼ手作業で作っています。水と小麦粉と塩の配分や、延べ方、干し方、干す時間、すべて天気や季節で違うそう。夏は8時半から、冬は9時半から干しはじめるため、麺作りを始めるのは毎朝5時から。
屋号は「玫來晏趣」。でも麺線の袋には福寿麺、屋号は「竹輝行」と書かれています。ふたりは高雄から潮州にきて、3代続く麺線屋さんに見習いに入り、そちらの4代目が継げなかったため、代わりにその屋号を引き継ぎました。以来17年、この屋号を守っています。一緒にいるだけでみんながハッピーになる、笑顔がとても印象的なご夫婦でした。潮州駅から歩いて15分弱。インターネットでの購入は申し込みから数か月待ちだそう。

屏東県潮州鎮蓬萊里榮田路225巻9号
営業 8:00-12:00、14:00-18:00(土日休)

## 阿倫冰店《アールゥンビンディェン》 潮州燒冷冰《チャオヂョウシャオランビン》

私的台湾かき氷ベスト3のひとつ。特徴は、冷たい氷に熱いシロップ。舌がギャップ萌えします。タロイモの餡や丁寧に手造りされた湯圓《タンユェン》にも注目。隣に、ライバル店「正老牌潮州冷熱冰」もあり。

屏東県潮州鎮新生路149号
営業 9:00-22:30(不定休)

# 牡丹郷

## 空姐雨來菇沁園生態農場《コンジェユーライグーチンユェンションタイノンチャン》

元キャビンアテンダントの丁采綸《ディンツァイグァン》さん＝丁丁《ディンディン》が育てる雨來菇《ユーライグー》とはなにか?日本ではイシクラゲと呼ばれる藻の一種で、台湾ではわかめなどのように乾燥した状態で売られていて「情人的眼涙（恋人の涙）」とも。スープに入れたり和え物にしたり。丁丁さんの栽培地を訪ねると、そこは深い緑の森の中、清流が流れる静かな場所でした。美しい水がそそぐさざれ石、そこに雨來菇が。丁丁さんはこれを手でつみ、天日に干した「有機雨來菇」や麺に練り込んだ「空姐雨來菇藻健康活力麵《コンジェユーライグーザオジィェンカンフォリーミィェン》」を作っています。食物繊維たっぷり。さまざまな栄養効果があり、身体をリセットしてくれそう。
ここではそれだけではなく、雨來菇の栽培体験や、雨來菇を使ったランチも提供しています。

屏東県牡丹郷牡丹路249-6号
営業 15:30-23:00(不定休)

# 恒春鎮

とても穏やかで海の気配を感じる街。街歩きもしやすく、オシャレカフェやモダンなショップを見つけたら迷わず入ってみましょう。

## 洋蔥田伴手禮《ヤンツォンティェンバンショウリー》

台北で新聞記者だった張嘉芬《チャンジャフェン》さんが、ふるさと恒春ではじめた、恒春名物の玉ねぎを使ったスイーツ店。恒春の玉ねぎは小ぶりで甘い。からっ風が玉ねぎの水分をほどよく奪ってくれるからなのだそう。その玉ねぎを刻み、鍋で8時間ほど、つきっきりで“混ぜながら”煮詰めて、飴色の濃密な玉ねぎ餡を作り、サブレ生地（洋蔥《ヤンツォン》酥《スー》）やパイ生地（蔥頭餅《ツォントウビン》）の中に閉じ込めて焼く。おいしいにきまっています。

「機械では、この味わいにならなくて。玉ねぎの様子を見て、火加減、まぜ加減、変えながら私が手作業でやっています。だからたくさんはできないの」と、張さん。スイーツとしてはもちろん、玉ねぎの甘味が、ワインにもよく合います。中国のテレビ番組でそのおいしさが絶賛され、コロナ前は、店頭に長蛇の列ができたそう。隣接するカフェでは、玉ねぎのパフェ、アイスクリームも味わえます。

屏東県恒春鎮南門路48号

**営業** 9:30-19:00（不定休）

張嘉芬さん

## 豆豆甜品屋《ドウドウティェンピンウー》

すてきな女性が切り盛りする、甘味屋さん。シンプルでクリーンな店内で、女性のお客さん多し。メインはテイクアウトなので、バイクでぴゅーっと来て買って帰る人も多い。美肌に効くと言う銀耳（白キクラゲ）や薏仁（はとむぎ）のトッピングをぜひ。

屏東県恒春鎮恒南路223号

**営業** 16:30-23:30（日曜休）

## 波波廚房《ブォブォチェファン》 Kitchen Swell

1階はカフェ、2階はイタリアン。日本統治時代の病院をリノベした趣のあるコの字型の建物で中庭も素敵。ハンドドリップのコーヒーと、ウイークエンドシトロンあたりをつまみながら、ここで絵葉書を描いたり。台湾映画「海角七号 君想う、国境の南」のロケ地からもすぐ。

屏東県恒春鎮光明路88号

**営業**（1階カフェ）10:00-20:00（LO18:00）
（2階レストラン）11:00-14:30、17:30-20:30
（不定休）

# 林辺郷

## 林邊黄家肉包《リンビィェンフゥァンジャロウバオ》

屏東県の韓さんに教えていただいた肉まん屋さん。うううまーい！ よく発酵、熟成された生地で、私的台湾ナンバー1肉まんは、これ！になりました。

屏東県林邊郷中山路238-1号

**営業** 10:30-12:00、15:00-17:30（水曜休）

# 東港鎮

マグロに代表される海産物で知られる街。黒糖などを使った素朴なスイーツも推したい。からすみも、ぜひ!

## 東港正忠豆花《ドンガンヂォンヂョンドウファ》

大学を卒業し、台湾のシリコンバレーと呼ばれる新竹のIT企業で働いていた薛智仁《シュエヂーレン》さんは、東港に帰り、父が始めた豆花店を継ぐと決意。「日々がめまぐるし過ぎて、なにが大切か見失っているんじゃないかと自分に問うようになりました。家族にとっても、自分にとっても時間の流れがゆっくりで環境もいい、ふるさと東港の方が、豊かな暮らしになるはず、と帰郷を決めました」。そして父から豆花を学びはじめる。まずは父のやり方を守り、街のみんなに愛される豆花を。そこに自分なりのエッセンスを加えていった。材料はできる限り近隣のものにしている。
はじめて食べたとき、豆花のぷるんとした他にはない独特な食感にびっくり。澄んだ味わいのシロップ、そして丁寧なつくりがわかる素朴でてらいのない小豆やハトムギ、花生にも感動した。「僕はここで生まれ育って、外へ出てから戻ってきました。両方の良さを知っています。それがこの店のためだけでなく、東港のこれからに活かせたらいいなと思っています」。

屏東県東港鎮中正路54号
営業 15:30-23:00(不定休)

おいしさをキープするテイクアウト容器なども開発している

## 古早味豆花伯豆花《グーザオウェイドウファブォドウファ》

東港中の人に愛されていた懐かしの「豆花」。創業者が亡くなり途絶えていたが、2015年、娘さんが25年ぶりに復活させた。伝統的かつ本格的作り方を守り、現在は週末のみ営業。

屏東県東港鎮頂中街78号
営業 土曜7:00-17:00、日曜7:00-17:00(平日休)

## 邱記《チィウジー》(邱麻糬婆《チィウマーシュポォ》)雙糕潤《シュゥァンガオルン》

東港を代表する人気スイーツ。東港第二市場でのみ購入できます。黒糖を練り込んだ素朴な餅菓子が目の前でどんどん切り分けられます。必食!

屏東県東港鎮信義街6号(市場)6号
営業 8:10-12:00(不定休)

# 第3部

# 異文化に出会う

大洞敦史

# 喪失を乗り越えて

大洞敦史

ある土地が描かれたジグソーパズルのピースを集めたり、つなげたりする営みを、旅と呼んでみたい。

ぼく自身も含め、旅人はしばしば限られた時間のなか、あれも見ておきたい、あそこにも行っておきたいと、ピースを少しでも多く集めようとしてやっきになるものだ。けれど、数は少なくていいから、訪れた先で興味をもったピースを拾い上げ、それをいろんな角度からじっくり鑑賞するような旅のほうが、より味わい深く、記憶にも残ることだろう。

台湾に移住したばかりの2012年夏、50ccのスクーターで恒春半島をめぐった。道すがら拾い上げたピースは、牡丹社事件、映画「海角七号」、水牛、恒春民謡、それに山中で出くわした新築の木造住宅群など。これらについては著書『台湾環島 南風のスケッチ』(書肆侃侃房)に書いている。

10年後、屏東県政府の後押しを得て、再び屏東各地をめぐった。文化という資源が無尽蔵に眠るこの一大鉱床で、海・山・アート・客家という4つの鉱脈を、小さなスコップで掘ろうとするぼくに、大勢の現地の方々が、温かい手を差し伸べてくれた。おかげで少なからぬピースを掘り当てられた。本書に記したのはそのごく一部に過ぎない。

手持ちのピースが増えるにつれて、各個のつながりに気づいたり、全体像がおぼろげながらイメージできるようになる。ぼくが今回得たピースには、通底する要素が2つあった。「喪失」と「復活」だ。

屏東は世界有数の多民族社会だが、どのエスニック・グループも多かれ少なかれ、住み慣れた土地や、親しんできた生活様式、伝統文化、言語、信仰、自然、生物などの喪失を経験してきた。そのうえ、今日でも多くが存続の危機に瀕している。山の章で書いた2009年8月の八八水害は近年最大の天災で、今も川原を覆い尽くす灰色の土砂は、その天変地異のすさまじさをありありと物語っている。10年前に見かけた新築住宅群は、これにより住処を失った人々のために建設されたものだった。

このほか、工芸家のギビさんが教えてくれた経済活動の負の産物たる生態系破壊、原住民服飾デザイナーの阮志軍さんが語った伝統文化と現在の間に広がる断層、客家《はっか》の歴史研究者・曾喜城さんが示唆した純朴な農村生活、石板屋集落の保全に努める淑美さんから聞いた原住民古来の信仰であるアニミズム（汎神論）、それに原住民コミュニティの遷移の歴史なども「喪失」の一例だ。先祖代々暮らしてきた土地が彼らの存在と不可分のものであることを、ぼくは瑪家村の村長夫妻から教えられた。しかし日本統治期から戦後にかけて、時の政府により、管理上の都合や安全上の理由から、強制的に村ごと別の土地へ移転されることがしばしばあった。人間国宝の織匠・ミーヤン師も当事者の1人だ。

こうした痛ましい喪失を幾度となく経験しながらも、屏東は「復活」への力強い歩みを続けている。天災の爪痕が残る土地にとどまる人々も、別天地に移り住んだ人々も、それぞれの場所で懸命に生きている。

それにまた、自然環境、伝統文化、歴史、思想などの、失われかけているものや忘れ去られようとしているものたちに、再び形と力を与え、その尊さを広く知らしめようとする動きが、各地で非常に活発になっている。上に名を挙げた人々に加えて鼻笛奏者のサウニャウさん、トンボ玉工芸家の施秀菊さん、小琉球の生態教育者・蔡正男さん、霧台の彫刻家・ダオバさんなど、みなそうした活動に従事している人々だ。いずれも長い年月を都市部で過ごしたのち、使命感をもって帰郷した人物である。

屏東には、ぼくの知らないパズルのピースが、まだまだたくさん散らばっていて、あなたに見つけられる日を待っている。

第8章

# 海を愛する人々

## ウミガメの島～小琉球

台湾の地図を眺めていて、高雄南方の海域に記された「小琉球」という島の名を初めて目にしたとき、沖縄から遠く離れたこの小島にどうしてこんな名がついているのか、ずいぶん不思議に思ったものだ。

琉球（または流求）とはそもそも、歴代の中国王朝が用いた、現在の沖縄諸島と台湾を含めた地域の呼称だった。15世紀に「琉球王国」が成立すると、明朝は沖縄諸島を大琉球、台湾を小琉球として区別した。清朝の時代になり、「台湾」が台湾本島の正式な名称に定められると、それまで名前を持っていなかったこの小島に、小琉球という名が与えられたという。

珊瑚礁の隆起によってできた周長わずか12キロほどのその島は、ウミガメの産卵地としても知られている。ぼくはまだウミガメをこの目で見たことがなく、9年前に訪れたときにも見つけられなかったので、今度こそはと期待をこめて、本島側の玄関口である東港へ向かった。

観光客でにぎわう「華僑市場」に隣接する東港碼頭《まとう》から、年配の台湾人がよく履いている青と白のゴムサンダルにそっくりな色彩の船に、バイクごと乗りこんだ。運営会社の藍白航運は2021年に就航したばかりで、船も新しく快適だ。

25分ほどで、島側の玄関口である白沙尾漁港に着いた。ライダーたちが髪を風になびかせて気持ちよさそうに駆けていく。台湾の離島ではノーヘルでバイクを運転する人が多いが、本島と法律が違うはずもなく、罰金を科されることも少なくない。

民宿「正好友生態環保旅店」で、ホストの蔡正男《ツァイヂォンナン》さんに会う。蔡さんは生まれも育ちもこの島。経営の傍ら、長年にわたって野生生物を記録しており、「国家環境教育奨」というコンテストで一位を獲ったこともある、超一流のエコロジー教育者でもある。

「今の時期、ウミガメは見られますか」

「1年中いつでも見られますよ」

「どこに行けば会えるでしょうか」

「どこでも会えます。午後に連れて行ってあげましょう」

自信たっぷりに答えた蔡さんと出かける時間を決めてから、市街地をぶらつく。日曜の昼過ぎで、にぎわいは墾丁以上だ。地元の庶民料理を食べてみたくて、蔡さんに薦めてもらった郵便局近くの蔡媽媽《ツァイマーマー》という食堂に寄る。店先の調理台で中年夫婦がせわしなくチャーハンをテイクアウト用の紙パックに盛りつけている。どのテーブルにも食器が無造作に置かれたままで、お昼時の繁盛ぶりと混乱ぶりをものがたっていた。ぼくも台南で5年ほど日本蕎麦屋をやっていたから、そのしんどさは身にしみてわかる。比較的皿の少ない席に座り、注文表の「鬼頭刀魚炒飯《グイトウダオユー》」と「海藻」にチェックを入れて店の人に渡す。先客が2組おり、1組があとの予定に間に合わないと言って店を出ていくと、すぐにチャーハンが運ばれてきた。彼らが食べるはずのものだったろう。

鬼頭刀魚は日本でシイラと呼ばれている。突き出たおでこと、曙光の差す空模様のような美しい体色をもつ大型肉食魚だ。チャーハンに混ぜられたそれは、甘辛く味つけされた黒っぽい干物で、おそらくはタレに漬けたあとで日干しにしているのだろう。ご飯がすすむ味わいだ。赤茶色の海藻にニンジンと酢を和えたものも、外見はあまりそそるものでないが、コリコリ、さっぱりしていて美味しい。食器を重ね、テーブルを拭いてから勘定した。

民宿に戻り、蔡さんの案内でウミガメウォッチングに出る。はじめに連れていってもらった場所は島のシンボルである花瓶石のすぐ近く。蔡さんは海に目をやると、ものの数秒で「あそこ」

と指さした。

「えっと……どこでしょう？」

「石にそっくりなので、注意深く見てみてください」

波が引いた瞬間、黒い甲羅がくっきりと現れた。長い尻尾に足、さらに頭も。見失うまいと目をこらしながらシャッターを連射した。

「あれはアオウミガメのオスですね」

「どこでわかるんですか？」

「尾の長いのがオスで、短いのがメスです。あそこにもいますね。あ、あっちにも」

5分と経たぬうちに蔡さんは7、8匹ものウミガメを発見した。ウミガメマスターとでも呼びたくなる。

つづいて訪れたのは、主要道路から細い坂を下った先にある小さな漁港。隣には白く美しい砂浜があり、ロープで区切られている。波止場でおじさんが鳩の群れを餌付けしている。鳩たちはときおりバサバサと一斉に羽ばたき出したかと思うと、低空を旋回して、また元の位置に戻っていく。

「私はこの港が好きなんです。のんびりしていいてね」

「砂浜は立入禁止なのですね」

ウミガメウォッチングを楽しむ

「ウミガメの産卵地なんです。シーズンはもう過ぎてしまいましたが。ウミガメの性別は砂の温度で決まります。31度以上だとメスになり、28度以下だとオスになる。なのでもしメスが増えていたら、それは温暖化が進んでいることの証。ウミガメは人間にいろいろなことを告げてくれる、天の使いですよ」

へえー、とぼくは感心するばかり。

「この港には数十のウミガメが住んでいます。傷を負ったカメや老いたカメはこういう安全な場所を好むし、漁師が獲ってきた魚の一部を捨てたりするので食料にも困りませんから。ほらあそこ、あ、ここにも」

ぼくらが立つコンクリートの波止から目と鼻の先に、びっくりするほど大きなカメがいた。尻尾が短いのでメスだろう。甲羅にはうっすらと苔が生え、相当齢を重ねていそうだ。深みに潜ったかと思うと、やがて水面に顔を出し、プハッと息を吐いた。貫禄のある理知的な顔つきをしていて、天の使いどころか彼女自身が神様ではないかとさえ思えるほどだ。その「ウミガミ」様は、ぼくらの足元まで泳いできて、壁面の苔をつつき出した。

「こんなに間近で見たのは数カ月ぶりです」とウミガメマスターま

案内をしてくれた蔡正男さんと

でもが興奮したほど、ラッキーな出会いだった。

その後、蔡さんの人生談も聞かせてもらった。以前は高雄で仕事をしていたが、お子さんを故郷の大自然のなかで育てたいとの思いから帰郷したという。ギビさん夫婦と同じ理由だ。

台湾には郷土を愛し、日々何かを学び取り、かつその土地のよさを守っていくこと、外に伝えていくことを使命としている在野の賢人が、津々浦々に存在する。ぼくがこの旅のあいだ、最も感銘を受けたのはこの点だ。そういう賢人たちの多くは、人生の一時期を都市や海外で過ごしたあと、何かをきっかけに自発的に郷里に戻り、生き甲斐を見出している。まるで大海原を縦横無尽に旅するウミガメが、産卵の時期になると、必ず生まれた砂浜に回帰していくように。

**正好友生態環保旅店**

屏東県琉球郷中山路153号
※エコ重視の民宿。歯ブラシなど使い捨てのアメニティ類は無いので要持参

MAP P.20-21 56

## 海と山のはざまで～楓港・総統一族の故居

道の先に海が見えたとき、どうしてこんなに胸がときめくのだろう。

11月のとある朝。だだっぴろい青空と山脈の下、スクーターで屏東平原を一路南へ、南へ。大地を覆うバナナとヤシと檳榔《びんろう》の密林、パイナップルや豆類の畑。点在する小さな町まちを過ぎ行き、ある橋を渡りかけたとき、ついに眼前に青海原が現れた。そこから平地は徐々に狭まり、あたかも海をのぞきこもうとするかのように波打ち際に切り立つ山々が、彼方までひだを広げている。河口などのやや開けたところには建物があり、田畑があり、人々が活動している。台湾最南の鉄道駅がある枋山あたりから、彫りの深い目鼻立ちと褐色の肌をした人が目立って多くなり、見えない「国境」を越えたような気がしてくる。

そのまた南にある河口の町・楓港は、台湾総統・蔡英文氏のルーツの地として知られる。蔡氏の祖父はこの町の客家人で、祖母は台湾原住民パイワン族の人だ。さらに母親は福佬人《ふくろう》(福建省南部にルーツをもつ人々)というから、台湾の多様性を体現したような血筋である。

蔡氏の曽祖父が100年ほど前に建てた屋敷が今もあると聞き、見てみようと思っていた。バイクを停め、ふと目が合ったおじさんに場所をたずねる。

「あの雑貨屋を右に曲がって、どこどこをまた右に曲がって……」と親切に教えてくれたが、いまいち把握しきれない。とりあえず歩いてみる。入り組んだ路地を進み、なかば迷子になりつつ

も、小さなお店が連なる市場の先で、「楓港総統祖厝 開放参観」と印字された大きな幕と、2階建ての古民家を発見した。

外壁が「清代烏心磚」と呼ばれる清朝時代のレンガでできていることからも、相当に古いものとわかる。内部は開放されていないようだ。

ここまで歩きながら住民同士の会話に耳をかたむけていて、気づいたことがある。食堂の準備をしている若い夫婦とその子供たちや、民家の軒下の色あせたプラスチック椅子に身を沈めておしゃべりしているお年寄りたちは、外見上明らかに原住民なのに、台湾語と呼ばれる福佬人の言語で会話をしているのだ。

彼らはマカタオ族の血を引く人々だろうか。そんな問いが浮かんだが、よそ者に出自をたずねられてもいい気はしないだろうから、心にしまったまま楓港を後にした。

マカタオとは、現在の高雄市と屏東県を含む台湾島南西部の平野に暮らしてきた一民族だ。しかしながら、現在の台南市一帯に居住してきたシラヤ族と同様、台湾政府から

原住民族としての認定を受けていない（2023年現在）。主な理由は、17世紀以降、中国大陸からの移住者との通婚や往来が繰り返されるなかで、本来の言語や文化習俗の多くが失われてしまったことにある。1722年、清朝は漢族と原住民との衝突を避けるために境界線を設け、漢族の者が原住民の領域に立ち入ることを厳禁した。それにより山地民族（屏東では主にパイワンとルカイ）はその独立性が保たれたが、逆に平地に住む人々は「漢化」の大波に飲みこまれることになってしまった。ただし屏東県はマカタオ族を、台南市はシラヤ族を、中央政府とは別に原住民族として認定している。ぼくは中央政府の認定を求める運動に長年注力しているシラヤの人々を知っているので、いつか彼らが正式に原住民として認められる日が来れば、と願っている。

### 蔡總統祖厝

屏東県枋山郷善餘村里龍路109号

MAP P.20-21 27

## 浜は陸の縁側～恒春・パイワンの工芸家

枋寮から枋山に向かう道中、海岸線が遠くまで見渡せそうな場所を通りかかった。自撮りでもしようかと思いバイクを停め、葉がちらほら赤くなったモモタマナという広葉樹の下で、紅型《びんがた》模様のかりゆしウェアに着替えているとき、その木の陰に、円筒形をしたトーチカの遺物があることに気がついた。このケーキみたいな小型トーチカは、ぼくが暮らしている台南でも海辺とか、墓地とか、少し隆起した地点などに残っている。戦後の国民党政権下で築かれたものらしい。海岸線のどこから、いつ敵軍が上陸してくるとも知れない緊張感は、17世紀のオランダ統治期から続いてきた台湾の集団心理でもあるだろう。台南の安平は歴史ある港町だが、そこで育った1960年代生まれの人から「子供のころには海を見ることができなかった」という話を聞いて、不思議に思ったことがある。いわく、沿岸部は軍の管轄地で立入禁止になっていたからだそうだ。海のそばに住みながら海が見られないなんて、ずいぶん残酷な話に思える。

恒春に着いた。2008年の大ヒット映画「海角七号」のロケ地として知られる町だ。「恒春古城　歓迎蒞臨」というロゴの入った巨大な月琴と城壁のオブジェをバイクの上から撮影したら、その先で待ちかまえていた警官に手まねきされ、「リベッキードーウイ?（どこへ行くのか?）」と台湾語でたずねられた。しまった、あそこは一時停止禁止の場所だったのか。幸い、いくつか

質問されただけで解放してもらった。そういえば「海角七号」でも、主人公のアガがヘルメットのあごひもを留めずにバイクを運転していたせいで警官のローマーに呼び止められていたっけ。

飲食店や土産物屋が軒を連ねるにぎやかな中山路老街の一角に、期間限定でブースを出しているギビさんを訪ねた。彼女はパイワン族の工芸家で、恒春半島南端の丘の上にある社頂という村に生まれ育った。貝殻をこよなく愛し、それを素材としたアクセサリーやインテリアグッズを制作している。日頃は村で「社頂五号」という店を営みつつ、学校で図画工作を教えたり、地域ガイドをしたりもする。小柄な身体に、地域文化への深い造詣と情熱を潜ませている人だ。

「社頂ほど自然に恵まれたところはそうそうありませんよ。山のなかだけど、15分も歩けば太平洋に出られるの。母は海女をしてましてね。よく一緒に魚や貝を採ったり、山で植物の種や食べられるものを集めたりしていました」

「そのころから貝とのつながりがあったんですね」

「ええ。物心のついか5歳ごろから家の近くの恒春熱帯植物園で、浜で拾った貝殻とか、植物園で拾った種で作ったブレスレットやイヤリングを売っていたの。当時の観光客には日本人も多かったし、村の年寄りもよく日本語を使っていたから、私も簡単なあいさつや金額などを言えるようになった。流暢ではないけど、お客さんとのやりとりに役立っているわ」

「そのころはきっと、今よりたくさん生き物がいたんでしょうね」

「そりゃあもう！　貝殻も拾いきれないくらいあって、貝を蹴るのが子供同

親切で郷土愛あふれる工芸家・ギビさん

士の遊びだった。私の子供にそんな話をしても、信じてもらえないけどね」

　ブースの陳列台や壁には、細工の施された色とりどりの貝殻グッズがぎっしり並んでいる。イヤリングにネックレス、ガラス瓶に貝や砂を詰めた置物。光沢を帯びた貝殻がアクセントになったドライフラワーのブーケなどは、結婚する人などへの贈呈品にもぴったりだろう。しかも、値札を見るたびに目を疑うほど安い。

　たずねにくい疑問が一つ浮かんだ。海辺にはよく採集禁止と書かれた札が立っているが、これらの素材はいったいどこからきたのだろう。するとギビさんのほうから教えてくれた。

「今販売している貝はみんな、フィリピンから合法的に輸入したものよ。今は法律が厳しいから。私たちは海洋民族で、海の生き物はずっと生活の一部だった。なのに今では、昔を懐かしみたくてほんのちょっと採集することさえ許されないの」

ぼくは10年ほど前、リゾートホテル建設計画で揺れる台東の杉原海岸で耳にした「海は我々の冷蔵庫だ」というアミ族の方の言葉を思い出した。在りし日の彼らが海へ食物を採りにいくことは、ぼくらが家のなかで冷蔵庫の物を取りにいくのと同じくらい、日常茶飯事の行為だったのだろう。

続けてギビさんは、持ち前の柔和な面持ちと可愛らしい声音を崩さぬまま、きわめて真摯に、次のように語った。

「私と夫は1990年代後半、2人目の子供が生まれたのをきっかけに故郷に戻ってきました。自分たちが育った環境で子供らを育てたかったから。でもそのあとすぐ、海岸がひどく汚染されていることに気がついた。ホテルもレストランも好き勝手に汚れた水を流していて。ガイドの仕事でお客さんを海に連れていくたび、いたたまれない気持ちになったわ。海の生き物だって人間だって、汚くて危ないところには住みたくないし、ましてや子供を生みたいとは思えない。でもきれいで安全な場所なら安心して子供を生める。生き物たちがたくさん子供を生むようになれば、人間がちょっとばかりそれをもらったって問題ない。私たちのご先祖も、美しい貝を交易品とかアクセサリーにしていたけど、同じ貝は今でも海にいる。だから汚染を止めて、海をきれいにすることが何より大事。それをしないで採集だけ厳しく禁じるっていうのは、本末転倒よ」

人通りの多い日曜日にもかかわらず、ギビさんは初対面のぼくに、いろんな物語や彼女の見解を聞かせてくれた。

古来から海を生活の場として生きてきた人々が、もろもろの事由により、海と隔てられてしまうことがある。昨今日本で議論になっている東北地方の巨大防潮堤もそうだ。ギビさんのような生まれながらの海人《うみんちゅ》にとっては、環境保護政策も、大きな壁となっている。

ただぼくとしては、自然物の採集禁止は必要な処置かとも思う。さもないと、観光客や商人が大挙して押し寄せて、根こそぎかっさらっていくに違いないから。

恒春半島を旅していて感心させられることの一つは、あちこちに砂浜があり、しかもほとんどの場所で自由に散策を楽しめることだ。台湾は四方を海に囲まれているが、海岸がテトラポッドで固められていたり高低差があったりして、打ち寄せる波に素足を浸すことのできる場所は限られている。

浜辺という空間は、日本の家屋でいう縁側のようなものだ。昔読んだ森繁久彌氏のエッセイに、戦後、日本人が失ったものは縁側である、という言葉があった。ぼくも小さいころ縁側のある家の隣に住んでいたから、その感覚がよくわかる。

縁側は家屋の一部でありながら、外に開かれた場でもある。台所やトイレのように必須のものではないが、人はそこで作業の合間に休憩したり、本を読んだり、お茶をすすったり、ご近所さんと言葉を交わしたりと、忙しい暮らしのなかでもひとときを憩わせることができた。池に棲む亀が島を必要とするように、現代人は、心の深いところで、縁側のような場に強い憧れをいだいているのではないか。海を見ると無性に胸がときめく理由も、そんなところにあるのかもしれない。

素材に用いる貝殻や木の実（提供：潘甄華（ギビ）氏）

ギビさんとぼくが話している間、後ろの作業台で大柄な身体を丸めて何かを黙々と作っていたパートナーのハニーさん（東部出身のアミ族）が、いろいろな種を組みあわせて作った、ハート型にくり抜かれた口をもつ可愛らしい人形と、丸い種の殻に丸い穴が空けられている笛をぼくにくれた。そしてお手本として、ホオ～ゥ……ホオ～ゥ……という、ハスキーで肺活量のとびきり大きいフクロウの鳴き声みたいな音を聞かせてくれた。

「これはタカを呼び寄せる笛なんです」

さっそく試してみたが、さっぱり音が出なかった。

### 社頂五號店

屏東県恒春鎮社興路186-1

営業 不定休

MAP P.20-21 18

# 青春の町～墾丁大街

太陽が水平線に接する時分、恒春方面から墾丁に入った人は、あるカーブを曲がりきったところで、葛飾北斎のあの赤富士を思わせる絶景に出くわして息をのむだろう。神々しく天に突き出した巨岩を頂く大尖石山である。常緑樹の森もこのときばかりは赤に黄色に染まり上がる。

この山を静かにじっくり観賞するには、繁華街「墾丁大街」の入り口付近に立つ「墾丁国家森林遊楽区」と掲示された緑の屋根のゲートを抜け、500メートルほど先の左手にある、牧場へつづく小道に入っていくといい。車の音もここまでは届かない。放牧された牛たちの糸を引くようないななき、山風が吹きわたるたびに波打つ草木、飛行機かと聞きまがうほどの葉擦れのざわめきに、淡い寂寥をさそわれる。牛を眺めたり、タカを呼ぶ笛を練習したりしつつ、暗くなるまでそこにいた。

少し刺激が欲しくなり、煌々とネオンの輝く墾丁大街に移った。世界で唯一、国家公園内にある夜市だ。レストラン、バー、ブティック、土産物屋、旅館などの建物が並び、道端にも焼きイカ、焼き牡蠣、原住民風焼き肉、唐揚げ、ジュースや射的、パチンコといった露店やそのノボリが数百メートルにわたってひしめき合っている。通りを闊歩するのは、己れの肉体美をひけらかすかのように陽気に闊歩する若者たち、サイクルウェア姿の壮年夫婦、浮き輪を肩にかけて歩く親子連れ。看板にスマホをかざし、カメラの翻訳機能で意味を調べて歩く西洋人グループ。二の

腕やすねや首元にタトゥーを入れている若者も非常に多い。台湾では原住民族の風習の影響もあってか、ファッションとして認知されている。

台湾人は老若男女問わずTシャツを好む。このリゾート地でも男性は判で押したようにTシャツ姿で、しかも地味な色合いが多い。年中沖縄のかりゆしウェアを着て過ごしているぼくからすると、この点がどこかもったいない気がする。ここに花柄シャツの店を開いて、店先で沖縄民謡の弾き語りでもしたら、きっと受けるだろう。

10年前にも、中古スクーターで恒春半島を旅して回ったことがある。あれから赤ちゃんが小学4年生になるまでの歳月と、パンデミックを経て、この土地がどんな風に変わっているか、ずっと気になっていた。墾丁界隈の閑散ぶり、サービス業者のため息を伝えるニュースもよく目にしていた。けれどもこの日の活況ぶりは、あのときとそっくりだ。違うのはみながマスクをしていることと、

物の値段が上がったことと、東南アジアからの旅行者を見かけるようになったこと。

夜市のなかでひっそりとたたずむ海星聖母天主堂の小脇の道を海に向かっていくと、八宝宮という小さな祠があり、鉄柵の奥に剣を持った女性の絵と道教式の神像が見える。恋人を探しに来て殺害されたオランダの王女と伝えられるが、作家の陳耀昌氏によれば、1867年に座礁したアメリカ船ローバー号の船長夫人に由来し、以前は船の残骸も置かれていたそうだ。祠はきれいに手入れされている。事の真相よりも、見ず知らずの外国人の霊をお世話している人々の思いに対して、ぼくは強い興味と感動をいだかずにいられない。

台湾式の飲み屋で、カタツムリの醤油炒めとスルメの口の唐揚げを食べてから、きらびやかなネオン、売り子の威勢のいい呼び声、Tシャツの大群、白い歯と火照った肌をした若者たち、ペタペタ鳴るビーチサンダル、エンジン音、クラクション、肉を焼く匂い、油の匂い、華語、台湾語、英語、タイ語、幼児の泣き声などが飛び交う大通りを、再びぶらついた。

### 墾丁大街

夜市は毎日開催。ただし平日の露店は比較的少ない。

MAP P.20-21 19

第9章

# 山に生きる人々

## 礼納里部落・パイワン族の結婚式

「今晩、そこの広場で村の若者たちが踊るから、見にいってみるといいよ」

丸っこい顔とくりくりした瞳に人のよさが漂う瑪家《マージア》村の唐村長が、ご自身の営む民宿「礼納里《リナリ》最美的街角」の玄関先でお茶を淹れながら、そう教えてくれた。

2009年に台湾南部へ大きな被害を与えた「八八水害」のあと、政府はこの一帯に住宅地を建設し、元々山のなかにあった瑪家村、大社村、好茶村の人々を移住させた。瑪家村と大社村はパイワン族、好茶村はルカイ族のコミュニティだ。合掌造りをイメージして設計され、災害の翌年には住めるようになった木造家屋群は、落ち着きと温かみがあり、背後の山々ともよくなじんでいる。

礼納里とは、この3村を合わせた地域の呼称だ。近年、地元の物産や工芸品の店、カフェ、パン屋、アーティストのアトリエ、民宿などができ、観光地としても脚光を浴びてきている。超人気の原住民料理レストランAKAMEもここにある。

なおこの隣には水門という町があり、昔はそこで客家人と原住民が物々交換をしていたらしい。土曜日の夜には600メートルにもわたる大きな夜市が開かれている。

いちど礼納里の様子を見てみたいと思い週末に来てみたところ、幸運にも結婚式に遭遇した。しかも瑪家村の頭目の長女と、この村出身の若者が結ばれたということで、格別盛大に執りおこなわれるらしく、今夜のダンスはその前夜祭だそうだ。

開始時刻に合わせて行ってみると、ドーム状の屋根がついた広場の入り口に、「盛装」と呼ばれる晴れ着に身を包んだ若者たちが集い、談笑していた。女性のそれはとりわけ華やかで、黒または赤地の丈長の生地に、貝殻、銀細工、トンボ玉などをいっぱいに付け、ジャラジャラと鳴らしながら歩いていく。羽根飾りを頭に差した人も多い。驚かされたのは、一着一着が異なるデザインであることだ。オーダーメイドなのだろう。

ずっと眺めていたかったが、よそものらしき人間はぼくだけで、洋服を着ているのが彼らの興を冷ますような気もして、広場の隣の少し高い位置にある駐車場から見物することにした。

大音量のカラオケに合わせ、ステージ上の1人の女性が伸びやかな声で原住民語の歌謡曲を歌っている。はじめ新郎新婦とその親族と思われる数名が、互いに腕を交差させて手をつなぎ、リズムに乗せてステップを踏みながら、円をえがくように広場を回っていく。時計の秒針のようにゆっくりと。

1人、2人と列に加わっていき、30分もしないうちに100人を超えた。どんなに人が増えても、見事に足並みを揃え、リズムを保って回りつづける。もっとも若者のなかには、しばし練習してから列に加わる者もいた。

進行方向から見て前に男性、後ろに女性が並んでいる。また女性のなかでも頭に羽根を差した人が前方にいたりして、序列が細かく決まっているようだ。後ろのほうには新郎新婦の友人なのか、アミ族など別の民族衣装を着た人もいる。

一切休憩を挟まず、老いも若きも小さい子も、見えない円周に沿ってひたすら踊りつづけるうちに、1時間経ち、2時間経ち、もうすぐ3時間になろうとしている。シャツ1枚でも汗ばむ気候のなか、あの重装備で、しかもマスクをつけたままで。倒れる人が出ないか心配になるほどだ。女性は裸足が多いが、ハイヒールを履いた人もいる。

歌手は歌詞を見たりもせず、原住民の歌から結婚式の定番曲まで、何十という曲を休まずに歌いつづけている。ふと、なじみのあるメロディーが聞こえてきた。ラララー、ラララ……「瀬戸の花嫁」だ。歌詞は華語（中国語）だが、メロディーはまったく同じ。150名ほどにまでふくれあがった踊り手たちの一糸乱れぬステップに合わせ、ぼくも日本語の歌詞を口ずさんだ。

「ダイドーも一緒に踊ってきたか？」

「いいえ、見るだけでしたが、すばらしい円舞でした」

「私ら原住民のものは、なんでも円いんだ」

村長がそう言うと、妙に説得力がある。

翌朝下におりていくと、村長が村内放送を始めるところだった。

「ニジューロクニチ、ドヨービ……トーヒョー……ダイヒョー……ゴニン、ハチニン……ソンチョー……」

数日後に行われる地方選挙の投票の案内だが、パイワン語に混じってたくさんの日本語が聞こえてきた。

「お年寄りは今もたくさん日本語を使っているよ。特に暦とか、昔にはなかったものを指す言葉はね」

日中ぼくは潮州の町へ行く必要があったが、午後に予定されているブランコが結婚式を締めくくる大事な儀式だと聞いたので、また礼納里へ戻ってきた。

その前にささやかなご祝儀を渡したくて、赤い封筒を村長夫人にもらい、「百年好合」と書いてから、それを持って村長に新婦のご実家まで連れて行ってもらった。

軒先には丸く束ねられてかぼちゃのような形になっている粟や檳榔の房、ブタ、イノシシ、1人では持てそうにないほど巨大なチナーフ（粟のチマキ）など、様々な礼物が置かれている。マンゴー園を営んでいるというおじさんと話していると、お色直しを終えた、日本でも人気のあるビビアン・スーにも劣らぬほど目鼻立ちの美しい新婦がいそいそと出てきたので、手短にあいさつし、ご祝儀も渡すことができた。

礼納里のビジターセンターに隣接した昨夜とは別の広場の、円形の芝生の中央に、ひょろ長い木の幹を組み合わせた、高さ七、八メートルはありそうなブランコが立っている。この日のために作ったものだそうだ。いわれは知らないが、上方に女性の着物が5着ほど吊り下げられている。盛装した賓客たちが集い、昨夜同様に芝生の周りを踊りはじめる。そこにパイワン族のトーテムのひとつである百合の花で飾りつけられた輿に乗って、新婦が登場した。いささか緊張した面持ちだ。

観光客の団体も遠巻きに見守るなか、ハンチング帽をかぶった原住民文化研究者の高立宏氏が、みなに聞こえるように儀式の流れを解説してくれる。いわく、このブランコは女性の身体の大事なところを意味しているので、みだりに踏み入ってはならない。花嫁はこのあとブランコから飛び下り、花婿がそれを抱きとめる。つづいて花嫁はその腕を振りほどいていったん逃げるが、花婿に対して好意を寄せている証として、身につけているものを道中で落としていく。再度花婿に捕まえられたら、そこでめでたく結婚成立となるそうだ。

「本番の前に、ブランコに乗りたいという人がいたらおいでなさい。女性であれば既婚者でも未婚者でもいいし、原住民でない人でもかまいません」と顔役のおじさんが言う。パイワン族は開放的な気質だと、恒春で出会ったギビさんが言っていたが、こういうところからもそれを感じた。

けっきょく観光客は誰も参加せず、賓客のうち何人かが進み出て宙を舞った。木がずいぶん細いので、途中で折れやしまいかとハラハラさせられる。普段から九族文化村という南投県のテーマパークでこのブランコのパフォーマンスをしているという人もいて、見事な舞いっぷりを披露してくれた。
最後に新婦の番となり、ブランコから飛び降りて新郎に抱きかかえられた後、広場の外へ逃げていくと、若者たちが一斉に歓声を上げ、はやしたり、新郎の行く手を阻んだりしながら追いかけていく。ぼくも走ってついていった。何十メートルか先でついに新郎が新婦をつかまえたらしく、その場でまたまた円舞がはじまり、文字通りの大団円となったのだった。

## 禮納里部落

アクセス　屏東駅から屏東客運バス「8227～29」「8231」「8232」に乗り、水門轉運站で下車。高雄客運バス「603B」に乗り換え、禮納里站で下車。但し603Bは土日のみの運行なので、平日はタクシーまたは徒歩。水門轉運站から4kmキロ程度。

MAP P.20-21 58

## 禮納里最美的街角

屏東県瑪家村瑪卡札亞街24巷1号
https://www.facebook.com/sasekezan

MAP P.20-21 59

## 石と木と英知の結晶～老七佳石板屋部落

淑美《シューメイ》さんの運転する軽トラックが、灰色に染まった河原の砂利道を、赤い吊橋めがけて走っていく。

「あそこに元々あった橋は、今、この川の40センチも下に埋まっているんですよ。いったいどこからこれだけの土砂が流れてきたんだか……」

「八八水害」について改めて触れたい。東日本大震災の約1年7カ月前にあたる2009年8月8日前後、未曽有の台風と豪雨が台湾中南部を襲った。山間部では土石流や山崩れが多発し、村がまるごと土砂に埋没したところもある。家を失った人々や、政府が危険地帯と定めた土地の人々は、村ごとよその土地に移転することを余儀なくされた。前項で取り上げた礼納里部落もその一つだ。

力里《リーリー》渓に架かる吊橋を渡ると急斜面の山林に入る。道は対向車が来たらどうするのかと心配になるくらい狭く、曲がりくねり、でこぼこしている。

「しょっちゅうここを行き来するのは大変でしょう」

「そんなことないわ。あたしら原住民にとっちゃ高速道路みたいなものよ」

慣れた手つきでハンドルをさばく彼女は、台東出身のプユマ族で、この先に実家があるパイワン族の男性の家に嫁いできた。初めのころは言葉が通じずに苦労したそうだ。長年台北などの小学校で教職をつとめ、リタイアしてからは、今ぼくらが向かっている老七佳《ラオチージア》部落の景観を保全する協会の理事をつとめている。

老七佳は、パイワン族やルカイ族の伝統家屋である石板屋《スーバンウー》が台湾で最も良好に保存されている場所だ。電気も水道も通っておらず、住民の生活を乱さぬよう部外者の立ち入りは制限されている。参観を希望する場合は、1週間前までに「老七佳石板屋聚落文化協会」に申しこむ必要がある。フェイスブックページ「老七佳石板屋部落」からも問い合わせ可能だ。

やがて、小さなゲートが見えた。そのかたわらの石の上に、青地のロープにパイワン族の装飾品を身につけた、品のよさそうな初老の女性がちょこんと腰かけている。

「彼女はこの村の霊媒、つまりシャーマンです。台湾の原住民はほとんどがキリスト教徒だけど、私たちは昔からの信仰を守っている。それは、自然界のすべてのものに魂があるという考え方よ」

「霊媒は、どんな役割を担っているのですか」

「五年祭という大きなお祭りや、日常の場で儀式を執りおこなうのが主な役割だけれど、何か悩みをもつ人がいたら話を聞いて助言をしてあげたりする、心理カウンセラーのような立場でもあるのよ」

「彼女のあとを継ぐ人はいるんでしょうか」

「なかなかねえ。そもそもパイワン語に熟達してないと、おまじないを唱えることさえできない。それに一度選ばれたら、一生続けなければいけないの」

ゲートを抜け、広場に出た。深い靄《もや》がかかっているが、晴れた日には海が見えるという。こんな奥地でも日本統治期には警察官の駐在所があったそうで、石とレンガで築かれた国旗掲揚台がかすかに名残をとどめている。

あのゲートはタイムスリップの入り口だったのではないかとさえ思えてくるほどに、ここは何もかもが下界と異なっている。近代式の建物はただの一軒も見あたらず、板状の石と樹木のみを用いて構築された背の低い家屋が、凹凸に富む地面に身をかがめるかのようにして並び建っている。むろん電線も見当たらず、保護色のように黒く塗られた貯水タンクが置かれているのみである。

道中に原住民のおばあさんの露店で買ったチナーフ（粟のチマキ）、炭火でふかした玉子やサツマイモなどを手に、集落の奥にある淑美さんのご自宅へ向かう。全体的にモノクローム な景観のなか、大人の背丈よりもはるかに高いポインセチアの赤い葉がきらめいている。むかし日本人が植えたものらしい。

あとで観光客の団体が来るそうで、1人の女性が食事の支度をしているほかは、人の気配がまったくない。実はこの村にもといた人々は、1958年に政府により別地へ移住させられ、さらに1972年の台風で移住先も甚大な被害を受け再び移転、現在は力里渓のたもとに「新七佳」という村を構えている。しかし少数ながら今でもここに暮らしている人がおり、なおかつ淑美さんのように、使命感をもって村落のメンテナンスにたずさわっている人々もいる。

帰宅したらまずは炉に火を起こす習慣があるらしい。そのあいだ、ぼくがご自宅前の東屋で淑美さんお手製の菊花茶を飲んでいると、不穏な羽音が近づいてきた。巨大なスズメバチだ。テーブルの上の食べ物に止まり、舐めはじめた。「動いたらだめよ！」と淑美さんは言うが、目と鼻の先にいつまでもいられるものではない。そろそろと遠ざかり、しばらく待って席に戻ると、再びやってきて……というのを3度ほど繰り返したころ、屋内から煙が漏れ出てきて、ハチはそれを嫌ってか去っていった。淑美さんはハチの扱いにもさぞかし慣れているのだろうと思いきや、「ちょっと前に足を刺されてねえ、歩けなくなるくらい痛かったわあ」と顔をしかめていた。

屋根には長方形の石板が、厚くて大きなものから薄く小さなものへと秩序よく積み上げられ、棟の辺りには重しに長い竹ざおとサッカーボールのような球形の白い石英が、いくつも並べ置かれている。セメントも釘も一切使われていない。軒はぼくの目くらいの高さで、低めに造ってあるのは材料の節約のためと台風の被害を軽減するためだという。むかし台風の通り道である蘭嶼で見学したタオ族の家屋の屋根はもっとずっと低く、屋内でまっすぐに立てないほどだった。

「2、3年にいっぺん、屋根の石を全部取り外して、きれいにしてからまた組み直すの。時間が経つとだんだん土が詰まって下の木が腐ったり、雨漏りを起こしたりするからね。村の者が20、30人で一斉に作業して、1日のうちに終わらせてしまうのよ。家主はお昼ごはんを用意するだけで、日当は払わない。お互いさまだからね。日本の合掌造りの家の屋根も、そうやって住民同士が無償で葺き替えているのよね。1度見に行ったことがあるわ」

この話には考えさせられた。もしもそうした相互扶助のコミュニティとシステムがなかったら、この建物のメンテナンスには、莫大な費用がかかるだろう。それに働き手には豊富な経験と技術

が求められる。これらの建物は、結束の強い共同体のなかで、初めて存続しうるのだ。

玄関は、身をかがめなければ入れないほど小さい。昔はしばしば他の村落との戦闘があり、敵に攻められた際に守りやすいようにこうなっているそうだ。石造の建物は火攻めにも強いし、要塞のような堅牢さを発揮しただろう。

屋内は炉から発する煙で満たされているが、煙たいというほどではない。屋根にいくつかの通気孔が設けられ、また石と石の微妙な隙間も空気の抜け道になっているからだ。「石板屋は、呼吸をする家なのよ」と淑美さんが誇らしげに言う。火を起こすことには、霊気を引き寄せる意味もある。煙は上品な香りで、気持ちが落ち着く。薪には「羅氏塩膚木」と書く地元の樹木だけを使うそうだ。

柱には2つの形があり、開いた傘の形で梁を支えているものは日本統治期に教えられた工法に従ったものらしい。「外部のよいところを積極的に取り入れるのは、パイワン族の長所の1つ」と淑美さん。もう1つは古来のスタイルであるT字型をしたもので、相当に古いものだ。煙のおかげでシロアリに喰われないのかもしれない。

家の中央には、矢じりのような形をした大きな石板が立ち、弓矢がかけられている。

「これは祖霊柱といって、ご先祖さまの霊が宿る場所。たとえ家を取り壊すことになっても、これだけは必ず残しておくの」

パイワン族の信仰について語る淑美さんの言葉には、万物が魂をもつと見なすアニミズムと、先祖崇拝という2つの側面がうかがえる。両者はどのように結びついているのだろう。

村内を一回りする。木の彫刻が軒下に掛けられているのは頭目の家。頭目とは1つの血縁集団のリーダーを指し、老七佳には4人の頭目がいるという。150年ほど前のものという長細い板に、人の顔やシカ、パイワン族のトーテムである百歩蛇、デフォルメされた裸体の男女の全身像などが彫られている。別の家では銃をかまえている彫り物もあった。

突然、けたたましいエンジン音が響きわたり、黒いオフロードバイクに乗った男が村に闖入してきた。「ヨオー！」と大きな声をあげて。伝統装束に身をつつみ、腰に刀まで差している。あたかも敵が襲来したかのようだ。

「あの人は？」

「ここの村長よ」

彼はふだん山の下に住んでいるが、いま昼食をとっている団体客に解説をするためやってきたそうだ。

年は40前後だろうか。淑美さんの東屋で玉子をほおばりながら、屋根の石英を指さし、語尾を長く伸ばす原住民語なまりの華語で、ぼくに向かって問いかけた。

「あの石はーぁ、どんな意味があるのか、知ってるかーぁ？」

「さっき教えてもらいました。えーと、1つは屋根の重し。もう1つは、あれを遠くから敵が眺めると、人の頭だと勘違いして、恐れをなして攻めてこなくなるとか？」

「もぉひとつ、あるぞーぉ。美観、だよ！」

このワイルドそうな人物の口から、美という言葉が出てきたのは意外だった。言われてみると、三地門の台湾原住民族文化園区でも実物大の石板屋を見たが、屋根に置かれていたのは普通の黒っぽい石で、石英のほうが圧倒的に見栄えがいい。

老七佳には現在、50棟もの石板屋が林立し、建築美、景観美の、ひとつの極致に達している。ユネスコの世界文化遺産に登録されてしかるべきものだ。台湾が国連非加盟国であるため現状は難しいが、基準は満たしていると淑美さんも言っていた。

この美しさは、石と、木と、先人の英知という三物の結晶体であり、同時に上述の協会による努力のたまものでもある。

送迎を含めたガイド料金は1人1000元で、10人以上なら食事や文化体験つきのコースもある（1500元）。収益はすべて村落のメンテナンスや、食事を用意してくれる住人への謝礼にあてられ、ガイド自身は無報酬だ。使命感と郷土愛がなければ到底できないことで、頭が下がる。

2018年、新七佳村の頭目の長女がアイルランド人と結婚したことが大きなニュースになった。2022年には石板屋建築が、フランスの2つの建築デザインコンテストでそれぞれ賞を獲得した。世界も屏東の原住民カルチャーに注目しはじめている。

老七佳を案内してくれた淑美さん

村長と

## 老七佳石板屋部落

https://www.facebook.com/vecekadan
メールアドレス tjuvecekadan@yahoo.com.tw
（訪問希望者は1週間前までに要予約）

MAP P.20-21 60

# 山の防波堤～神山部落

ルカイ族の生活領域である霧台郷の神山部落は、屏東の山岳地帯にある原住民族コミュニティのなかで、観光地としてとりわけ人気の高いスポットだ。標高約７００メートル。風光明媚で、趣ある建物が多く、愛玉ゼリーや栗ドーナツといった名物もある。本数は限られるが屏東市や三地門から路線バスも出ている。山道のゲートで入山登記をする必要があるが、事前申請は要らず、外国人もパスポートをもっていればすぐ通過できる。

老七佳を訪れた日の翌朝、三地門から神山部落につづく台24線をバイクで上った。耶蘇聖心堂という、一般には公開されていないカトリック聖堂を見学させてもらうのが主な目的だった。

ＰＭ２・５のせいかどうか知らないが、晴れているのに視界が悪い天気がつづいていた。けれどこの日は澄みきった青空の下、蛇腹状に連なる深緑の稜線がくっきりと見わたせた。

谷間をつたう険寮北渓を望む道端の小さな広場に「八八風災　救済英雄記念碑」と刻まれた花崗

岩の碑が立っている。嵐のなかヘリコプターで救助活動をおこなっていて、不幸にして殉職した3名の隊員を記念したものだ。

　前方にはとてつもなく太いコンクリートの柱に支えられた、べらぼうに高い橋がかかっている。八八水害の後に再建されたもので、99メートルもあり、台湾で最も高い橋だそうだ。たもとにある伊拉《イラ》という村には編み物の職人が多く、ビニール紐をかぎ編みにしたバッグが特産品となっている。丈夫で見栄えよく、値段も手頃な逸品だ。

　1羽のタカが、川の上空を悠々と旋回している。恒春でギビさんの旦那さんにいただいた、ナッツで作られた「タカを呼ぶ笛」を吹いてみたが、まだコツがつかめていない。へんてこな音に興味を示したわけでもなかろうが、やがて6羽、7羽と姿を見せた。

　タカ科のなかでも、クマタカという美しい縞模様の羽根をもつ鳥は、ルカイ族やパイワン族のあいだで、百歩蛇とともに神聖な動物と見なされている。晴れ着を着用するさいは貴族と呼ばれる階級の者だけが頭にクマタカの羽根を差す。

　また、霧台の人々はネコ科のウンピョウ（雲豹）という動物をトーテム（象徴的動物）としている。彼らの祖先はかつて東海岸に住んでいたが、雲豹の先導の下、高山を越えてこの地へやってきたという言い伝えがある。ただし台湾の雲豹はすでに絶滅してしまい、クマタカと百歩蛇も絶滅が危惧されている。

神山愛玉冰の小米愛玉

神山部落に着いた。まずは街道沿いの「神山愛玉冰」で「小米愛玉《シャオミーアイユー》」をいただく。小米は粟、愛玉はアイギョクシイタビという台湾固有の植物の実から作られるゼリーを指す。柔らかく炊いた粟のまろやかな風味と、ゼリーのなめらかな舌触り、さっぱりしたレモン風味のソースが溶け合わさって、非常においしい。愛玉は戦前に日本でも流行していたと『民俗台湾』という当時の文献に記されている。台湾語からオーギョーチとも呼ばれ、2023年のNHKドラマ「らんまん」でも話題になった。

席の前の壁に、ルカイ語を教える紙が貼ってあった。人に会ったときのあいさつはsabau、ありがとうはmaəlanga、おいしいはmaliməə。eを逆さにした発音記号が使われているあたり、妙に専門的だ。

街道の急カーブに面して「刀疤《ダオバ》工坊　◯的部落」という木工の看板が立っている。◯の部分にあるのは三日月型をした、眠っている女性の顔の彫刻だ。材木に囲まれたアトリエで、著名彫刻家であるダオバ氏が、立派な原木の机を挟んで話をしてくれた。孤高の職人という気配を漂わせているが、頭の形やヘアスタイルが評論家の山田五郎氏に似ていてどこかユーモラスでもあり、声から表情から温かみがにじみ出ている。

「今日は快晴ですが、ここ数日視界が悪くて、大気汚染の影響ではないか

と気になっているのですが、ダオバさんもそう思われますか」

「いいや。俺が小さいころ、今の時期（11月）はもっと深い霧がかかっていて、川向こうの山が見えたこともなかったよ。ほら、今はこんなによく見えてるだろう。問題はむしろ温暖化なんだよ」

聞いてみるものだ。PM2・5のせいでない点は安心したが、温暖化がそんなに明らかな変化を及ぼしているとは。

前日石板屋を見てきたことを伝えると、ダオバ氏は奥の扉を指して言った。

「俺たちルカイの家の門は大きい。なぜかっていうと日本時代、警察が家のなかを検査するとき『頭を下げさせるとはけしからん』と考えて、大きくするよう命令したからなんだ」

扉の奥にはご自身の彫刻や絵画が保管されている。なかでも特に大きな彫刻は、額に第三の目をもち、鹿のような角を生やした一対の男女の彫刻だ。3つの目は、まるで中国三星堆遺跡の青銅縦目仮面のように長く突き出ている。

「女房は川向こうにある大武部落の生まれでね。そこには3つの目をもつシバイバリという守り神が、襲来してきた敵を撃退したという伝説がある。実際、大武の人の額には目のようなくぼみがあるんだ。時間があれば見に行ってみるといいよ」

「神話が創作の題材になっているんですね」

「ああ。看板の月もそうだよ。昔、月がこの辺りに下りてきて休憩したという伝説

もある。
俺はここで生まれて、じいさんばあさんからたくさんの昔話を聞いてきた。役所が公表している言い伝えには、間違っているものがけっこうある。よその学者が言っていることを鵜呑みにしているからな」
ぼくは内心、ぎくっとした。文字は、口承以上に説得力をもつが、それが正しいという保証はどこにもないのだ。

耶穌聖心堂は、圧巻だった。神山部落でよく知られているのは町の上方にある長老派の教会で、石を積み上げて建てられた、中世ヨーロッパ風の重厚な建物だ。耶穌聖心堂の外観はそれに比べ落ち着いているが、初めてなかに足を踏み入れた者は、誰もが息を呑むだろう。
黒い肌と大きな目をし、聖書と聖歌集の入った布袋を背負った木彫りの人形の一群が、祭壇に向かって百体ほども並んでいる。これらはミサのときに信徒が腰かける椅子なのだ。そろって顔をやや右に傾け、右斜め前方を見つめている。

「顔が斜めを向いているのは、以前その先に朗読台があり、信徒が聖書の言葉に『耳を傾ける』ことを意味しています。それに正面を向いていたら、鼻が背中にあたって座り心地もよくないですからね」と管理人の麦氏が教えてくれた。

木彫りの聖母マリア像は、顔立ちも出で立ちも原住民のそれだ。頭にはクマタカの羽根と純潔を象徴する白百合を差し、貝や銀の鈴やビーズ刺繍で覆われたガウンをまとい、さまざまな柄のトンボ玉をつなぎ合わせた十字架を首にかけている。

入り口の上には巨大な蜂の巣が吊り下がっている。キリスト教のなかでミツバチはしばしば勤勉、献身、謙虚さ、勇気の象徴として語られる。ただしここに飾られているのはスズメバチの巣で、前日に老七佳でスズメバチとはち合わせたぼくは、そこに山らしさを感じた。標高の高い土地には花が少ないので、ミツバチも多くない。

「この教会は私が小さかったころ、住民たちが力を合わせて建てました。近くの採石場から、ロープに吊った籠で石を運んできたものです。霧台で初めてセメントを使った建物でもあります」と麦氏。1962年に落成し、80年代の改修の際、この百脚の人形椅子が作られた。椅子をデザインしたのは杜勇雄というルカイ族の神父とその父親だという。杜神父は、自民族を象徴する要素をふんだんに取り入れたユニークな教会を、ここの他に10棟以上も設計、建設してきたそうだ。

台湾の諸原住民族は、地理環境による程度差こそあれ、1624年のオランダ東インド会社の入植以来、400年間もの長きにわたり、圧倒的な力をもつ外来民族との接触を余儀なくされてきた。島の西側の平野部に住んできた平埔族と呼ばれる人々は、漢族に同化したケースも多いし、たとえ古くからの信仰を今にいたるまで保持していても、その祠や儀式などの形態は、道教の影響を強く受けている。

一方、山地や東部に暮らす原住民は現在、大半がキリスト教徒であり、中華的色彩は薄い。それは直接には、険しい山々に踏み入り、教会を建て、布教をおこなった宣教師たちの努力によるものだが、間接的な一因として、教会が「漢化」の荒波からの文化的な防波堤として機能し、人々のアイデンティティの拠り所になっていた点もあるのだろう。あの聖母マリア像を見たとき、強くそう感じた。媽祖様や関羽様の神像も、派手な刺繍のガウンや頭飾りを身につけているが、それらが原住民の装束に着替えることは、まず考えられない。想像してみるぶんには楽しいけれど。

夜、ダオバ工房の隣にある民宿「霧光雲台」のご夫妻とたくさんの話をした。ご主人は原住民で奥様は漢族という彼らの年代では稀なケースだ。

例の貼り紙のスペルをたよりにルカイ語をいくつか口にしてみたが、通じない。

「ルカイ語の発音は難しくて、原住民語のなかのロシア語とも言われてるんですよ」とご主人。

「『你好』は『サバオ』というの。でもあたしが昔『サバオ！』と元気よく言ったら、もっと柔

霧光雲台民宿のご夫婦

らかく言わなきゃだめだってたしなめられたわ、あはは」
「原住民の人たちの話し方って、とてもソフトですよね。それはぼくもよく感じています」
「あたしが小学生のころ、教科書で『呉鳳』の物語を読んで、原住民は簡単に人を殺す、恐ろしい人々だと思っていた。知ってる？　首狩りの風習を止めさせるために自ら犠牲になった人の話よ。でも実際の彼らはとても明るくて優しい。人間は犬や猫じゃない。血統によって性格が違うなんてことはありませんよ」
人間は犬や猫じゃない——この言葉は、ぼくの心の名言集に一生残るだろう。

## 神山部落

アクセス　屏東駅から屏東客運のバス「8233」に乗り、終着駅「霧台」で下車。1日3本、約1時間半。

MAP P.20-21 61

## 神山愛玉冰

屏東県霧台郷霧台村神山巷16-1号
営業9:00-17:00（月火定休）

MAP P.20-21 62

## 刀疤工坊

屏東県霧台村神山巷70-1号
https://www.facebook.com/AmugeStudio

MAP P.20-21 63

## 耶穌聖心堂

屏東県霧台郷霧台村神山巷61-3号
（内部は非公開）

MAP P.20-21 64

## 霧光雲台民宿

屏東県霧台郷神山巷74号
pemama168@gmail.com

MAP P.20-21 65

第10章

# 土地に深く根差すアート

## 華麗な民族衣装のつくり手たち

「若し三百年前にこれが日本に渡っていたら、疑いもなくこれは大名物裂になっているに違いない。またもし千数百年前に渡っていて、これが勿体ないたとえではあるが、仮に正倉院の御物に混っていたとしても、何人もその価値を疑わないに違いない」

これは美術評論家の柳宗悦が、日本統治下の台湾を訪れた際に発した言葉だ（『民俗台湾　第二十四号』１９４３年6月発行）。柳がこんなにも絶賛したものは何かというと、原住民族の織物である。

今日の彼らの服飾、とりわけ「盛装」と呼ばれる晴れ着は、台湾文化の華として揺るぎない位置を占めている。海外に向けた観光ＰＲには必ずと言っていいほど登場するし、博物館や美術館で実物を目にすることも少なくない。

　ぼくは長らく、実際に生活の場で人がそれを着ているのを見たことがなかったが、礼納里部落を訪れた際にたまたま披露宴に遭遇し、200名近くもの人々が、各自デザインの異なる華やかな盛装に身を包んでいる光景を見て圧倒され、感動もおぼえた。博物館のなかではなく、現在でも制作され、着用されているのだということを知って。

　どんな人が作っているのだろう。一般の人でも着用したり、購入したりできる場所があるのだろうか。そんな好奇心から、いくつかの場所を訪ねることにした。


　屏東市の勝利星村にある「青島巴荅《チンダオバーサン》」という店舗。瓦屋根のシックな和風家屋だが、のれんをくぐると、真っ赤な原住民ドレスが目に飛びこんでくる。屋内は日本の木造家屋そのもので、もとは押入れだったかと思われる棚に、格調高い装飾のほどこされた被り物やネックレス、刀、衣服、そしてそれらを身につけたモデルたちの写真が陳列されている。

　カフェでもあり、また日本のレンタル着物店のように衣装の貸し出しや撮影もしてくれる。アクセサリーや雑貨の購入もできるし、衣装のオーダーメイドも可能だ。

　阮志軍《ルアンズージュン》という名のパイワン族の若手デザイナーが経営者だ。彼のスタジオは恒春半島の南部にあり、店は普段、笑顔のまぶしい気さくな好青年である曽顕皓《ゼンシエンハオ》さんが切り盛りしている。撮影担当のカメラマンで、なおかつキッチンにも立つ。

「スイーツはどれがお薦めですか」

「どれもお薦めですよ。ドリンクなら山蘇ハチミツミルクティーとか……」

「山蘇って、あのシダ植物の？」

「そうですそうです」

お手製のロールケーキやマカロン、そして薦められた不思議なドリンクをいただいた。意外にさっぱりした香りだ。曽さんは彼らが手がけた披露宴のアルバムを2冊持ってきて、いろいろ説明してくれる。

「パイワン族は屏東の北、中央、南で文化、習慣にちがいがあるんですよ。北では昔ながらのやり方が今も守られているところが多いですが、南はそうでもありません。こっちのアルバムは北の結婚式で、こちらは南のもの。ほら、ほとんどの人が洋服を着ているでしょう？」

この話は初耳だった。そういう地域差はどうして生じたのか、という疑問がわくと同時に、わざわざ南部を拠点にしている阮志軍氏にも会ってみたいと思った。アポを取り、翌朝バイクを2時間ほど走らせ、獅子郷のスタジオ「バルズヌー（巴魯祖努）工芸坊」を訪問した。曽

「青島巴叁」の曽顕皓さん

巴魯祖拏の阮志軍さん

さんとは高校の同級生だと聞いたが、タイプはだいぶちがい、物静かで、一語一語熟慮するように丁寧に話す人だった。

阮氏はこの近くにある漁港、枋寮で育った。かの地には原住民の容貌をしていても台湾語を母語とする住民が多いという。これはぼくも楓港を歩いた時に感じたことだ。彼らは戸籍の上でも原住民ではないが、実際には平埔族《ピンプーズー》（平地に暮らしてきた原住民）の子孫だと阮氏は言う。

「昨日曽さんから聞きましたが、南部の原住民文化は相当失われてしまっているとか」

「ええ。結婚式なども、私が子供のころにはすでにみんなスーツやドレスで出席していました。過去と現在のあいだには深い断層が生じています」

「なぜ原住民スタイルのデザインスタジオを立ち上げられたのですか？」

「バルズヌーとは私の祖母の名前なのですが、祖母は刺繍が巧みで、母親もプロの裁縫師だったので、私も服の仕立て作業を見て育ちました。２００９年に母の協力を得てスタジオを立ち上げましたが、最初の3年間は注文もぜんぜん入らなくて、それは苦労

織匠、ミーヤン師

しましたよ。諦めようとした時期もありました。幸い、あるとき獅子郷の文物陳列館から展覧会に出展する機会をもらい、そこから少しずつ軌道に乗り出しました。一般に、これが伝統だと思いこまれているものが、実は正確でなかったりする場合もあります。私自身が調査研究するのは当然として、注文をいただいたお客さんに対しても、より正しい知識を提供しながら、ともにデザインを考えていくんです」

　2021年、19世紀後半の恒春半島を舞台にした大河ドラマ「斯《ス》卡《カ》羅《ロ》」（原作小説は邦訳あり。陳耀昌著、下村作次郎訳『フォルモサに咲く花』東方書店）が公共電視台にて放映された。そこで原住民族の服飾デザインを担当した。深い知見と思惟の持ち主である彼は、この先も重要な仕事を果たしていくにちがいない。

　鳥居信平氏により築かれた地下ダム・二峰圳に近いグララウ（古楼）村のスタジオに着くと、鮮やかなターコイズブルーの洋服を召した気品ある婦人が迎えてくれた。屏東県の原住民族で最初に「人間国宝」の称号を授与された織匠、ミーヤン（許春美）師だ。

　彼女は、村の大人たちが昔ながらの手法で織物を作るのを、じかに見てきた世代の人である。チョマ（苧麻）を育て、その皮から繊維を取り、日干しにし、糸をつむいだ。染料もリュウガン、相思樹、ウコンといっ

た地元の植物から作られていた。

「それから、これを使って布を織っていくんですよ」とはた織り機を見せてくれた。数本の細い木の棒からなり、床に尻をつけ、伸ばした両足の上で操作する。

「作業の間はずっと歌を歌うの。キニザラ、ジャイヴァヴァ、アウガムスル、タ、ジャイタクー……ってね。上はこの糸、下はこの糸……と、手順をそのまま口にしているの。だから歌いながら作業すれば、まちがえる心配もないのよ」

感心した。これは労働歌であり、かつ、文字に頼ってこなかった彼らが技術を正しく後世へ伝えていくための、偉大な知恵でもあるのだ。

「これは昔のお金よね？」

クローゼットの色とりどりの衣服を拝見していると、生地に縫いつけられた銀色のコインを指して、ミーヤン師がたずねた。たしかに「五錢」や「十錢」という字と、菊紋が浮き彫りになっている。日本統治期に、美しい貝や舶来のトンボ玉と同じように、旧硬貨も装飾品として扱われたのだろうか。戦後になって、使われなくなった硬貨がこうやってリサイクルされるようになったのかもしれない。ただ不思議なことに、これらはみんなピカピカで、明らかにレプリカなのだ。装飾品としての旧硬貨に一定の需要があって、どこかの工場がそれを製造しているということなのだろうか。

そんなコインや銀細工、パイワン族のトーテムである百歩蛇と太陽のビーズ刺繍などについ目が向きがちだが、実は最も深い思想がこめられ、かつミーヤン師の本領でもあるものは、織物それ自体の模様である。

「これは『歯』という模様。昔は、丈夫な歯を持っていることが健康の証だったのよ。両親が娘の結婚相手を探すときも、男の歯をよく観察した。この模様には、着る人がいつも元気でいられるようにという願いがこめられているの」

紺地に黄緑、橙、赤銅色などの短い線が、まるでキャタピラの轍のように整然と連なっていて、横向きに眺めればたしかに歯が並んでいるように見える。

「着せてあげようか?」という思いがけないお言葉に甘え、歯の羽織とズボン掛けを、人間国宝に着せていただいた。鏡で見てみると、ピンと張った肩山から足首まで温かい色合いのストライプに覆われていて、何かの魔法で守られている気がしてくる。

ほかにもたくさんの種類があり、たとえば石垣をかたどったものは、縫製の際に布べりに用いることで糸がほつれるのを防ぐという実用上の機能があったり、動物の足跡をかたどった模様は「狩人の知恵」を象徴していたり、センダングサをかたどった模様は「勤勉に雑草を抜いてこそ豊かな収穫が得られる」という教訓を示していたりなど、それぞれ固有の意味と役割を持っている。

ミーヤン師はかつてドレスのデザイナーだったが、伝統喪失への危機感と、父親のたっての希

望もあり、この道に踏みこんだ。織物は男子禁制だが、父方の祖母が織匠であり、かつ文化全般に精通した霊媒（シャーマン）だったことから父親も深い知識をもっていた。

1994年に帰郷し、父親と地元の織匠の指導の下、さまざまな技法を学んだ。師の著作である『tjinuun nuwa paiwan 排灣族的織布』という豪華な図鑑には、糸作りの工程から各種の道具、技術、そして実に40種類にものぼる伝統模様が、多くの美しい写真を添えて解説されている。

ミーヤン師はまた、カルチャーセンターなどの場ではた織り機を使った織物作りの講座を受け持つなど、学びたいという気持ちがある人には民族、性別の区別なく教えている。しかも彼女自身、高雄のある大学院の修士課程に在籍しているというから驚いた。

「もう論文は完成しているけど、来月口頭試問があるの」

まるで20歳前後の学生のように、緊張まじりにはにかんでいた。

**青島巴叁**

屏東県屏東市青島街83号

営業 11:00-19:00（火曜定休）

MAP P.18-19 16

# 美術館を訪れるべき理由～屏東美術館

どこか見知らぬ土地を旅し、その土地のことを知ろうと思ったら、訪れておくべき場所が2つある。市場と美術館だ。市場へ行けば、地域の産物、料理、服飾などがよくわかるし、至近距離から人々を観察し、言葉を交わすこともできる。では、美術館に行くべき理由はというと、歩いただけではなかなか察知できないその土地の本質的な特徴、性格、あるいは何かしら注目に値する事物を、鋭く表出した作品に出会える、という点にある。とりわけ地方都市の美術館は、多かれ少なかれ、地域や住民に根ざした展示を行うものだから。

屏東市の繁華街にある屏東美術館は、ベージュ色の壁に瓦屋根をいただいた、日本の古い大学校舎のような落ち着きと風情を漂わせている建物だ。1953年に建てられた元市役所だという。向かいの太平洋デパートとのコントラストが鮮烈だ。

ぼくが訪れたときは「南方女神的逆襲」と題した、総勢56名のアーティストによる合同展覧会をやっていた。南台湾を題材にした絵画、写真、彫刻、映像などの作品群は、熱帯の空気感と人間の情熱を、強烈に感じさせた。霧台で会ったダオバ氏の彫刻も常設されている。

**屏東美術館**

屏東県屏東市中正路74号
営業 9:00-17:30（月曜・祝日定休）
MAP P.18-19 8

# 三地門でトンボ玉づくり～蜻蜓雅築珠芸工作室

屏東市の北東にある三地門は、南台湾の原住民文化がぎゅっと詰めこまれたエリアだ。工芸品店、服飾店、大小の飲食店が街道沿いに軒を連ね、路地のなかにも陶芸品店「峨格《ウーガー》手芸工作室」や、定食形式でパイワン族の料理が楽しめるアットホームなレストラン「答給発力《ダゲファリ》美食坊」など、センスのキラリと光るスポットが点在している。小型の博物館「原住民文化館」も一見の価値がある。三地門のほか屏東市、霧台、来義郷、獅子郷の4カ所に同様の施設があり、特色ある企画展を行っている。

工芸家ウマス・ジンルール氏（提供：子息・雷斌氏）

うねうねと蛇行する街道にひょっこり現れるのが、ガラス工房「蜻蜓雅《チンティンヤー》築珠《ジュ》芸工作室」だ。羽根を広げたトンボのオブジェが目印。日本ではトンボ玉と呼ばれるが、彼らもトンボの眼になぞらえた呼び方をしている。

ルーツに関しては諸説ある。たとえば人類学者の陳奇禄氏は、パイワンの古いトンボ玉の成分を分析し、東南アジア方面に由来するとした。また、台湾の他の海洋諸民族には見られないことから、交易によってもたらされたのでなく、パイワン族の祖先が東南アジアから台湾へ移動するに伴い持ちこまれたと述べている。

現在製品化されているトンボ玉は、この土地出身のウマス・ジンルール氏により1970年代に開発された。ウマス氏は懐の広い人物で、身体に障害をもつ人やシングルマザーを雇用して技術を伝え、そのうえ商品や技術に関する産業財産権を申請することもしなかった。三地門が工芸の町として発展を遂げたのは、彼の存在によるところが大きい。

蜻蜓雅築もウマス氏の教え子が開いた工房を前身とし、すでに40年の歴史をもつ。手前がトンボ玉を活用したさまざまなオリジナルアクセサリーの販売コーナー、奥が工房になっており、原住民女性の職人の手仕事を間近で見られるし、300元からの費用で好きな柄のトンボ玉をその場で作らせてもらうこともできる。

ぼくもやってみることにした。12の図柄から1つを選ぶ。目玉みたいな模様のものは、祖先の霊に守ってもらう「守護」の玉。孔雀の羽根を模したものは「真摯な愛」。大地を模したものは「富」。それぞれ象徴的な意味が付与されている。

ちなみにこのトンボ玉を一躍世に広めたのは、恒春を舞台にした2008年公開の映画「海角七号」だ。コンサートを控えたバンドメンバー一同を励ますため、ヒロインの日本人女性の友子は空港の売店でトンボ玉のネックレスを買う。主人公には「勇士」の玉を渡し、彼女自身は孔雀の玉を身につけた。映画では明示されていないが、蜻蜓雅築の商品だった。

ぼくは「知恵」の玉を選び、前掛けをし、職人さんが仕事をしていた椅子に座らせてもらう。

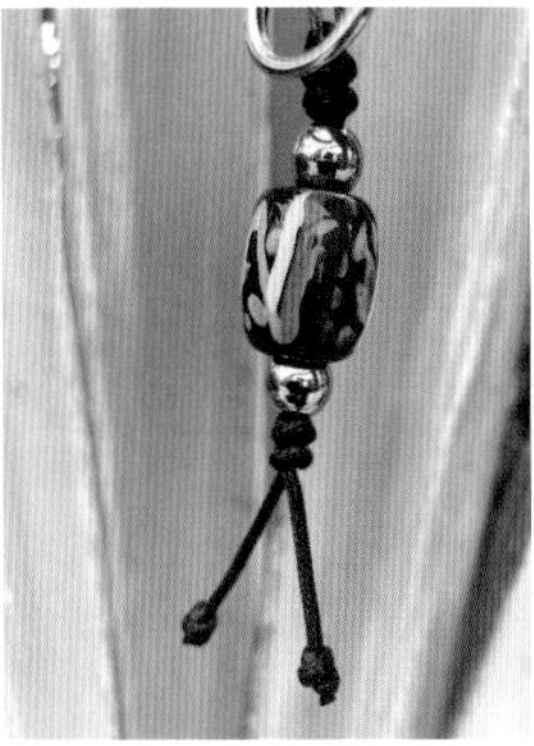

彼女は仕事机に並ぶ千歳飴みたいなガラス棒を熱し、先端を切って金属の棒につけ、丸めてから、表面に模様をつけていく工程をレクチャーしてくれた。線香のように細いガラス棒と本体を、据え付けのバーナーで同時に炙りつつ、線や点を入れていくのだが、適度な距離を保つのが難しい。職人さんがうまくフォローしてくれるので、失敗の恐れはなさそうだ。作業のあと40分ほど冷ましてから受け取ることができる。

2階は大量の原木をダイナミックに配置したタイ風カフェになっていて、ドリンクやスイーツはもちろん、カレーやトムヤムクンなどの料理も好評だ。

オーナーの施秀菊《シーシウジュ》さん（パイワン

族）に、ここでコーヒーをごちそうになった。

「最初の頃は、日本人が作ったガラス細工のビデオとか本を見て、技術を磨いたりもしていました。でも7年目くらいまで、村人のほかには買ってくれる人も少なくてね。週末にはよく制作道具一式を持って台湾中の大きな町に出向いて、街頭でパフォーマンスをしたものですよ」

長年の地道な努力で成長を続け、ひところは実に50名ものスタッフを雇用していたという。全員が地元の婦人たちだというから、地域社会への貢献も相当なものだ。

時間になり、先ほど作った玉を受け取る。キーホルダーにくっつけられたそれを見て、目を丸くした。どす黒い石の塊が、まるで宝石のように明るく光沢を帯び、かつ深みのある色合いのトンボ玉に変貌していたから。

ランチ1食分のお金と時間で手に入る、世界に1つだけのお守りだ。

**蜻蜓雅築珠芸工作室**

屏東県三地門郷三地村中正路2段11号
営業 10:00-18:00（月曜定休）
MAP P.20-21 67

# 圧倒的な美しさ〜屏菸《ピンイエン》1936文化基地

ぼくが訪れた屏東のアートスポットやテーマパークのなかで、ここ以上に驚き、感動した場所は他にない。元は1936年に操業したタバコ工場で、当時は「専売局屏東支局葉煙草再期乾燥場」と称していた。タバコ工場をリノベーションした文化施設では台北の松山文創園区がよく知られているが、シックでエレガントな大人の雰囲気漂う松山に対し、こちらはファンタジックで、小規模ながらも斬新さと迫力がみなぎる。

入園は無料で、園内で展示館の入場券を販売している。常設展と企画展のセットで199元だった。常設展の建物は1階が「屏東菸《えん》葉館」、2階が「屏東客家館」。ありきたりな名前だったので、若干高いなと思いつつ、さしたる期待もしていなかった。ところが、中に広がっていたのは、ため息をつくほど幻想的な、光と音とコンピュータ・グラフィックスが織りなす夢幻の世界だった。どれも屏東客家の歩みと文化を伝えるインスタレーションだが、客家に関心がない人でも、そのヴィジュアルの圧倒的な美しさに、誰もが魅了されるにちがいない。

まるで映画館の銀幕のようなスケールで、通路の両サイドの壁に映し出される、開拓史を天上の視点からたどるアニメ映像。樹木の下に設けられた伯公《パッコン》（守り神）の祠と周囲に飛び交う無数の蝶。花嫁の輿入れ、降りしきる花びら、黄金色に輝く稲田。山から吹き下ろす風に揺れるバナナ、檳榔、カカオの木々……。日本の農村で暮らすお年寄りがもしこれを見たら、きっとぼく以

上に、心を揺さぶられるにちがいない。

陶酔から醒めやらぬまま1階に移ると、こちらもまた、建物の地味な外観からは想像もつかない、まるでSF映画のような迫力満点の世界が広がっていた。

高々とそびえ立つ、歳月の流れを金属の肌に染みこませた巨大な機械や設備の数々。無数の管が絡みあう機械の隙間には空中廊下が架かっていて、ダンスホールのようにハイテンションで変化に富む光と音の演出が、歩く者をすっぽり包みこむ。かつてここが現役だった頃は、けたたましい騒音とうだるような熱気に包まれていたに違いない。知識だけでなく、そうした雰囲気をも、芸術に昇華されたかたちで来訪者たちに伝えようとしている。3Fにある原住民を題材にした常設展「屏東原民館」や、企画展も必見だ。

## 屏菸1936文化基地

屏東県屏東市菸廠路1号

営業 9:00-18:00（金～日は21:00まで）（月曜休）

MAP P.18-19 9

# 太平洋をわたる鼻笛の調べ

ポリネシア、ミクロネシアといった太平洋諸島に住む人々は、台湾にルーツをもつ、とする学説が現在では有力となっている。「オーストロネシア語族」と総称される彼らの祖先は、5000年以上前、台湾島の東岸からボートを漕ぎ出し、今でいうフィリピンとインドネシアを経てフィジー諸島、ニュージーランドへ、さらには驚異の航海術をもって、ハワイやモアイ像で知られるラパ・ヌイ（イースター島）にまで、移動と枝分かれを繰り返してきた。そのためたとえ数千年という時間と、1万キロ以上の距離を隔てていても、遺伝子、言語、文化などの諸方面で、台湾原住民族とのつながりが見いだせる。体感上も、ハワイ出身の元力士の小錦や曙と顔立ちがよく似ている人（男女問わず）を、屏東ではしばしば見かけたりする。

鼻笛（ノーズフルート）は、タトゥー、焼畑農業、幾何学模様の装飾、巨石崇拝、抜歯、腰巻き、長老制度などとともに、オーストロネシア語族の共通文化だ。学生時代、南投県にある原住民文化のテーマパーク「九族文化村」を訪れたおり印象に強く残ったのが、太い双管の笛を縦に鼻にあてている男の苔むした石像だった。のちに知ったことだが、ポリネシアなどにも単管の鼻笛があり、ハワイではオヘ・ハノ・イフ、タヒチではヴィヴォと呼ばれている。

サウニャウ・チュヴリュヴリュ（少妮瑶）氏は、屏東県牡丹郷出身のパイワン族女性鼻笛アーティストだ。「生命Ｎａｓｉ」「聴～女人聲音」「風的気息」などのアルバムがあり、中華圏のグ

少妮瑶さん

ラミー賞と呼ばれる金曲奨も受賞している。元来鼻笛は、貴族の家柄の男性か、または勇士の称号をもつ男性だけが手にすることのできる楽器だった。彼女はなぜあえてタブーに触れてまで、この文化を受け継ごうとしたのだろうか。

　ある緑豊かな公園の一隅で、サウニャウ氏と待ち合わせた。ぼくは沖縄の三線と三板《さんば》、ムックリというアイヌ民族の口琴をもっていき、彼女はお手製の鼻笛と口笛、それに世界各地の口琴をもってきてくれた。石のテーブルに並べるとなかなかの壮観だ。ちなみに口琴とは、竹または金属の板を開いた口元にあて、弁を震わせて口腔から音を出す楽器である。台湾タイヤル族のものもベトナムのものも、アイヌのムックリとよく似た形をしていて興味深い。

　彼女は鼻笛との出会いをこう語る。

「花蓮にある玉山神学院の音楽部に在籍していたときのことです。鼻笛の授業があって、驚いたことにその講師は、私の部落（集落の意。以下同）に住むお年寄りだったんです！」

　スジャルというその老人の奏でる鼻笛の調べに強く心を動かさ

れたサウニャウ氏は、弟子入りを熱望し、特例として許された。1993年、まだ学生だった彼女は、日本人牧師さんの帯同の下、クラスメートとともに日本巡演を行い、72回も演奏会をおこなったという。

「テープレコーダーをもってほうぼうの部落を訪ねては、古老に話を聞かせてもらったり、お葬式などでの演奏を録音したりしてきました。鼻笛を吹ける人は年々少なくなっていて、時間と追いかけっこしているようなものです。あるとき、どこそこでお葬式があると聞いて足を運ぶと、会場が鼻笛の音色と哭喪（泣き声による哀悼）の歌が聞こえてきて一瞬喜んだのですが、実はそれは私のCDの曲だった、なんてことまでありました！　鼻で笛を吹くことは、生命の息吹を聴く人の魂に注ぎこむこと。子供が生まれたときとか、結婚式、お葬式、お祭りのときに演奏されてきました」

この一言こそが、鼻笛という楽器の核心であるかもしれない。ポリネシア人には、あいさつの際にお互いの鼻を押しつけあう習慣があり、それには生命力を分かちあうという意味がある。彼らにとって鼻とは、生命のエネルギーが出入りする、口よりも清らかで神聖な部位だ。だからこそ、口のほうがずっと強い息を出せるにもかかわらず、わざわざ鼻を通して音楽を奏でるのだ。

サウニャウ氏は百歩蛇の模様と緑のトンボ玉が装飾された70センチほどの笛を鼻にあて、目を閉じて吹きはじめた。

2本の竹筒のうち、音孔が穿たれているのは片方だけだ。それが主旋律を奏で、もう片方の筒は重低音を響かせている。

「もののあはれ」という言葉が浮かんでくるような、繊細で優美な音色だ。息を吐き切るまでは途切れることなく、山の細流のせせらぎのように清らかに響く。木の上ではリスたちもじっと耳をすませていた。

台湾の鼻笛文化は、ひところ消失の危機に瀕していたが、サウニャウ氏のような使命感に燃える人々の努力により、近年では学習者、演奏者が増え、認知度も上がりつつあるようだ。勝利星村の「屏東原百貨」や禮納里部落のビジターセンターなどでも鼻笛が売られていた。

彼女は「自分で作ってこそ、情がわくものよ」と語る。鼻笛の製作体験講座を開いたりもしているそうなので、いつか参加してみようと思う。

**少妮瑶鼻笛文化**

https://www.facebook.com/sauniaw191220

# 台湾最南の美術館～看海美術館

のどかな漁港を望む台湾最南の美術館。壁は全面ガラス張りで、傾斜がかかっており、遠くから見ると全体が船の形を模していることがわかる。その甲板にあたる屋上からは海と山が一望でき、黄昏どきには格別の美しさだろう。

ぼくが訪れたときは、日本でもしばしば活動しているオランダ人テオ・ヤンセンのストランドビーストという作品が展示されていた。複雑に組み合わさった黄色いプラスチックのチューブと帆のようなテープでできた大型の構造物で、風が吹くとまるで多足生物のように骨格を動かしながら移動する。山から吹きおろす強風が名物のこの土地にぴったりだ。

隣の公園にはよく手入れされた芝生が広がり、子供や犬が駆け回っている。あちこちにあるパブリックアートもユーモラスで、気持ちがほっこりする場所だ。

**看海美術館**

屏東県車城郷海口路1-12号

営業 10:00-18:00

MAP P.20-21 48

第11章

# 客家の文化に親しむ

## 「老師」と行く鉄馬の旅

客家の文化に親しむと、台湾がずっと面白く見えてくる。

「台湾文化」という語から一般に喚起される種々のイメージのうち、かなりのものが、閩南地方（福建省南部）沿海部にルーツをもつ。これはその地方からの移民の子孫だと自認する人が、現在の台湾の総人口の7割強を占めていることと関連している。

一方、総人口のおよそ15パーセントを占めるとされる客家人は、福佬人に遅れをとる形で、広東省や福建省、江西省から渡来してきた人々の子孫である。彼らの先祖は、まだ福佬人の手が及んでいない地域を開拓し、異なるエスニック・グループと友好関係を築き、ときとして武力衝突も経験しながら、今日に至るまで強い集団的自立性と、文化的特色を保持してきた。

食生活、服飾、建築様式、年中行事、冠婚葬祭、宗教儀礼など、およそ生活にまつわるものごと全般において、客家には客家の流儀があり、福佬人のそれとは同じように見えても、いちいち異なっている。言語も、思想も、価値観や美意識もちがう。一般に客家といえば、勤勉と倹約を是とし、一族の団結および教育を尊ぶというイメージがある。それはまた、彼らが生きてきた制約の多い社会条件の下に培われた精神だともいえる。

それゆえ客家文化を知れば知るほどに、台湾社会の多元性が、より鮮やかに見えてくるのだ。屏東県の平野地帯に高雄市旗山区・美濃区を加えた屏東平原は、南台湾で最も客家色の濃いエリアだ。屏東県全体で約21万の客家人口を擁し、竹田郷などに至っては人口の8割強が客家人とされる。六堆客家文化園区や屏菸1936文化基地をはじめ、客家カルチャーが学べるスポットも多くある。が、それ以上に、この地域そのものが生きたテキストにほかならない。大小の道を散策しつつ、祠や古民家に刻まれた漢字から彼らの思想を読み取ったり、市場の売り物や畑の作物から経済活動を考察したり、昔ながらの食べ物・飲み物を味わったり、地元の人とコミュニケーションをはかったりすることに悦びを感じる人にとって、屏東は最高の旅行先になりうるだろう。

「屏東の客家について知りたいなら、内埔郷の曽《ゼン》喜城《シーチエン》さんを訪ねるといいですよ」

客家出身の友人にそうアドバイスされ、インターネットで情報を探すと、「楽事美声録」というテレビ番組に行きあたった。旅と音楽をテーマにしたドキュメンタリーで、ぼくも昔、台南通

「老師」曽喜城さん

の三線奏者という役柄で出演したことがある。

台北在住のナビゲーターが内埔に高校時代の恩師を訪ねるという設定で話が始まる。その恩師こそが曽喜城さんだった。郷土史家で、文学者でもある。番組ではご本人が客家の歴史にまつわる場所を熱心に案内する。心を動かされたぼくは、すぐご本人のフェイスブックに番組の感想と訪問希望の旨を伝えるメッセージを送った。ところが返事がなかなか来ない。3週間ほども経ったところ、ひょっこり返信が届いた。

「フィールドワークを行うので、都合がよければぜひご参加ください」

当日、朝6時に台南の自宅を発ち、バイクで内埔へ向かった。美和科技大学の立派な校舎を越えた先で、曽さんのご自宅兼活動拠点に到着した。パイナップル畑や檳榔樹林などに囲まれた農村に、これほどの私立大学がある点からも、教育を重んじる客家人の気質がうかがい知れる。

「やあダードン（大洞）さん！ よく来てくれました」

赤瓦をいただく風情あるご自宅から出てこられた曽さんと握手を交わす。ご本人は、頭こそ白くなっているが、8年前の番組同様おおらかで、笑顔のまぶしい、活力の塊のような人だ。

木の玄関の上にはめこまれたレリーフには左から右に向けて書かれた「三省堂」の字が浮かんでいる。ぼくは東京・神田の三省堂によく通っていた。

「これは『論語』から取られています。孔子の弟子に曽子という人がいて、『吾日《われ》に吾《わ》が身を三省す』と言った。客家の伝統家屋には堂号というものがあって、たとえば陳姓は潁川堂、黄姓は江夏堂、曽姓の場合は三省堂というように、家系ごとに決まっています。堂の字が中央にあるのは、家族が中心に存在することを示しています」

潁川も江夏も中国大陸の古地名だ。先祖がどこから来たかを忘れないために、こうした字を門に掲げている。福佬人の家の祭壇には、観音菩薩や関公（関羽）がよく祀られているが、客家人は祖先の位牌を祀る。そしてどの家にも、ぶ厚い家系譜がある。彼らにとって先祖の存在はそれほどに大きい。客家の起源には諸説ある。黄河流域から南下してきたとするものが一般的だが、そうではなく、百越と呼ばれる南方民族の後裔だとするものもある。

庭先のプラスチック椅子に腰を下ろし、勧められるままにヤケドしそうなほど熱いお茶をすすっていると、ぽつぽつと人が集まってきた。ぼくが一番若輩のようだ。高雄から来た1人を除いて、みな地元の住民であり、かつこの地域の観光ガイドでもあるとのことだった。この日のフィールドワークとは、彼らの老師（先生）である曽氏が、研修のような感じであちこちに連れて行ってくれるものらしい。

「揃いましたね。それでは鉄馬の旅に出かけましょう！」

鉄馬とは自転車のこと。ぼくも1台貸してもらった。だいぶ年季の入った車体だが、空気は十分入っている。めったに自転車に乗らないぼくは、よろよろと、おっかなびっくり幹線道路を横切り、細い路地に入った。日干しレンガの壁でできた家などを過ぎると、少しひらけた道に出た。

車の喧騒もここまでは届かない。やわらかな陽射しを浴びて、道傍に並ぶ植木鉢の花々も、バナナの葉も、台湾犬のまっ黒い毛も、生き生きと輝いている。大通りから少し外れると別世界のようにのどかな風景が広がっていることは、台湾ではよくあることだ。

内埔の街は「老街」と呼ばれ、陽済院老街とも呼ばれる。近くには１８０５年建立の媽祖廟「六堆天后宮」や、それに隣接する、唐代の文人・韓愈を祀る台湾唯一の廟「昌黎祠」など、国定古蹟にも指定されている古刹だ。その門前広場から伸びている陽済街周辺が老街にあたる。お昼時には道傍のテーブルが満席になるほどの賑わいを見せる食堂街を抜けると、「香谷居」「歩雲居」「文魁」といった屋号を掲げた古民家が並び、旧映画館や精米工場、醸造所、鉄工場などの建物も保存されていて、在りし日の栄華をしのばせる。

ぼくが歩いた通りは永安路と海平路といい、そこかしこに古色蒼然とした立派なお屋敷が建っている。そのなかの1棟「謝氏宗祠」に立ち寄った。三合院様式と呼ばれる、両手をまっすぐ前に伸ばした姿勢を模したコの字型の建物で、燕の尾のように両端がピンと沿った棟《むね》飾りが美しい。老師があちこち指し示しながら標準華語で解説してくれる。それはおそらくぼくが混じっているからで、普段は客家語なのだろう。舌をしっかり巻き、はっきり抑揚をつけたイントネーションが耳に心地よい。

裏庭にはふくよかな丸みを帯びた芝生があり、1本のピンポンノキが生えている。土を囲む低い壁には、手のひらほどの大きさの褐色の石が5つはめこまれている。

「われわれ客家人は建物を建てるとき、風水を非常に重んじます。閩南式の建物にはない最大の特徴がこの場所で、化胎《ファタイ》といいます。花を植えたりもするので、多くの人はこの土の盛り上がっている部分だけが花台《ファタイ》、すなわち化胎だと思いこんでいますが、それは誤りで、他にも色々な要素があるんです。しゃがんで、この石をよく見てみてください。微妙に形がちがうでしょう。左から『木、火、土、金、水』を示しています。五行相生《ごぎょうそうしょう》の思想に基づいていて、住人のなかで弱くなっている部分を、この化胎が補ってくれると考えられています」

客家の町には、至るところに祠や廟がある。祀られている神様はそれぞれだが、特に多いのが土地公または福徳正神と呼ばれる、その土地の守り神だ。客家の人は敬意と親しみをこめて伯公と呼んでいる。

三叉路の角に立つ小さい祠の、ご神体にあたる石碑を前に、曽老師が解説する。

「昔は盗賊や外敵を防ぐため、村全体が竹の柵で囲われていました。東西南北にそれぞれ出入り

口と、土地公の祠があって、住民たちはそこを通るたび神様に挨拶していました。ここもその一つです。本来のご神体は、石に赤い札を貼っただけの簡素なものでした。やがて文字を刻んだ石碑に変わり、さらに時代が下って、人の姿の像に変わっていったんです」

道教には、数えきれないほどの神々とヒエラルキーがある。土地公はそのなかで下の方に位置しているが、福佬人にも客家人にも深く敬われている神様だ。大概は白い髭をたくわえ杖を手にした老人の姿をとっている。昔は石の塊を拝んでいたという話は、ぼくにとって興味深かった。今でも大樹の根元などに土地公の祠があったりする。石や樹木に対しても畏敬の念をいだく感覚は、日本の土俗信仰や台湾原住民の自然信仰とも、深いところで通じているように思う。

今は内埔郷に合併されているが、この辺り一帯はもともと美和村というほのぼのした名前の村で、老師は長年にわたり村長をつとめてきたという。

民家の塀にイラストや彩色が施されているところも多い。藍衫《ランシャン》を着た女性たちや水牛が田んぼで働いている情景に「晴耕雨読」という字が添えてある壁画の先で、絵師さんが塀に何かを描いていた。野球場でピッチャーとバッターが対戦している場面だ。ユニフォームには「美和」のロゴが入っている。

「1970年代、美和高校の野球チームは『ハーガーシャン』やアメリカでの国際試合に出場し、あわせて13回も世界一の座に輝いたんです」

一瞬考えて、ハーガーシャンは「和歌山」の読みだと気づいた。当地の年配の方はこのことをまだ憶えているだろうか。

「あのころの台湾は国連を脱退し、日本とも断交するなど、外交面で暗いニュースがつづいていました。そんななか、民間でこのように活発な国際交流がなされ、しかも日本やアメリカなどの強豪国を破って世界一になったとあって、台湾中が沸きかえったものです」

田舎の高校野球部がそんな栄誉を勝ち取るなんて、まるで漫画や映画みたいな話だ。その裏には曽紀恩という優秀な指導者の存在があったという。日本統治期に野球をおぼえ、戦後は日本人が残していった野球道具を使って中華民国空軍に野球チームを組織したり、プロ野球チーム中信兄弟の前身である兄弟飯店の初代監督をつとめたりして、台湾の野球界に多大な貢献をした人だ。そして、この村の出身者である。

正午ごろ老師宅に戻り、元は牛舎だったという屋根つきの広場で、粄条《バンティヤオ》と茹でピーナッツの昼食をいただく。粄条はきしめん状の米麺で、客家料理の定番だ。長江以南は稲作文化なので、ビーフンやベトナムのフォーなど、米から作られる麺類も多い。

参加者の1人であるご婦人が、庭になっているトマトをもいでぼくにくれた。

「ひと月くらい前に種を蒔いておいたのよ。もう実がなっていてびっくりしたわ」

まだ少し固さが残るそれをかじりながら、小学生のころミニトマトを育てて食べたのを思い出した。思えば、さきほど目にしてきたものも、自分の子供のころの情景とけっこう重なって見える。実家の周りにも風情たっぷりの古民家があり、土塀があり、ご神木や小さな神社があって、週末には自転車をこいで野球教室に通っていた。それに、この日初めて顔を合わせたこの人たちがぼくに対して取る距離感は、当時隣に住んでいた親戚一家とほとんど同じなのだ。

東港渓に架かる全長168メートルの「萬巒彩絵吊橋」を、自転車を押して渡る。色あせてはいるが、台湾にかつて生息していた雲豹や海の生物などが3Dタッチで描かれたおしゃれな橋だ。日が傾き、草原に赤みがさしてきた。数頭の黄牛が草を食んでいる。どこからかサックスフォンの音が響いてくる。堤防の上のサイクリングロードを、長い影を引きずりつつ走りながら、子供のころよく遊んでいた多摩川の、橋のたもとの川原の風景も思い出された。

それにしても、常に先頭を走り、いたるところで声を張り上げて解説してくれている曽老師の体力には感服するばかり。そのことを口にしたら、「好きなことをしていたら疲れやしないよ!」と笑って答えられた。

ある土地を心から愛し、研究に情熱を注ぎ、さらにはその面白さや先人の知恵を人びとと分かちあい、感動の波紋を広げていくことが、老師のライフワークであり、幸福の秘訣でもあるようだ。

**三間屋文化工作坊**

屏東県内埔郷美和村学人路88号
https://www.facebook.com/profile.php?id=100063536958039
MAP P.20-21 52

# 客家文化のテーマパーク～六堆客家文化園区

台湾を代表する客家文化のテーマパーク。30ヘクタールもの広大な緑地に、伝統工芸品である油紙傘《ヨウズサン》と土楼（福建省などの山地にある円筒形の巨大集合住宅）をかけあわせたデザインの建物が並び立つ。入場無料で、地域住民もよく大きな池の周りをジョギングしたり、犬を散歩させたりしている。

夏は稲、冬はタバコが栽培される畑のほとりに立つ「菸楼《イエンロウ》」は、タバコの葉を熱で乾燥させるための設備を備えた建物だ。タバコ産業は日本統治時期に始まり、この建物は「大阪式」との説明が添えられている。

歴史文化を紹介するパネルコーナーの一角に展示されていた、渡邊欣雄氏という日本人学者のフィールドノートが興味深かった。門周りの装飾、供物の配置、葬式参列者の装いなどが丁寧にスケッチされ、びっしりとメモが取られている。1979年に内埔を調査したときのものだそうだ。

フードコートで花生（ピーナッツ）豆腐を見かけたので、買ってその場で食べてみた。ミュージカル「埔之内」に出てきたものだ。食感も、タレをかけて食べるところも、沖縄名物のジーマーミ豆腐とよく似ている。モチモチした歯応えで、ピーナッツの濃厚な香りが口に広がる。

土産物売り場の目玉商品は、職人手作りの油紙傘と、客家花布を使った服飾雑貨だ。傘という

字には人が集うイメージがあり、円形は「円満」に通じ、さらに油紙の発音は「有子」(子供ができる)に通じるなどの由縁から、昔から縁起物とされてきた。竹をひと月以上水に浸して糖分を抜き、防虫性と強度を高めた後、木綿糸で親骨の先を固定して骨組みを作る。紙を貼りつけ、柿渋を塗り、絵を入れる。柿渋を塗ることでより強度が増し、色合いにも深みが出るそうだ。最後に防水のためアブラギリの種子から採られた油を染みこませ、完成となる。

客家花布は、紅赤色、水色、紫などの背景色に牡丹などの花が豊かに配された華麗な布生地だ。台湾のシンボルの一つにもなっている。日本でこの柄の服を着て出歩くのはやや勇気が要るかもしれないが、ポーチなどの小物類はいいアクセントになるだろう。

### 六堆客家文化園區

屏東県内埔郷信義路588号

営業 09:00-17:00(火曜休)

アクセス　屏東駅から屏東客運「8230」のバスに乗り、「六堆客家園區」で下車。

MAP P.20-21 51

## 歴史が詰まったミュージカル「埔之内《プーズネイ》」

前項のフィールドワークのあとしばらくして、曽喜城老師からまたお誘いをいただいた。老師が脚本を書いた、内埔の歴史を伝えるミュージカル埔之内《プーズネイ》を上演するので、そこで三線を弾いてもらえないか、とのことで、二つ返事で承諾した。

会場は屏東駅から徒歩約10分、万年渓という川のほとりにある宗聖公祠。宗聖公とは孔子の弟子・曽子の尊称であり、曽家代々の先祖が祀られている。1920年代の築で、典型的な客家建築だが、入り口にあたる牌坊《はいぼう》は、リアルなライオン像が4体と、天使像が1対、さらに羽根を広げたワシの像などが配された壮麗なバロック様式となっている。

前庭で役者さんたちが準備している。前にトマトをくれたご婦人もいた。堂内では曽老師が観衆を前に「ここは書の博物館ともいえます」とスピーチしていた。

周りを見渡していると、たしかに扁額、柱、壁などあちこちに、さまざまな書体の漢字が記されている。石柱に刻まれた竹の葉の形をしたものなど、ぱっと見ただけでは文字だとさえ気づかない。見つめているうちに半分くらいは何の字なのかが推察できる。当時の技巧の粋が結集した建物なのだ。

燦々と照りつける太陽の下、劇の幕が開いた。現代の市場でピーナッツ豆腐の売り子とアーモ

ンド茶の売り子が口論になり、2人をなだめるべく市場の管理人が昔語りを始める、という流れで、時代は300年前に移る。

海峡を渡ってきた祖先が原野を開墾するシーン。原住民と友好関係を築き、物々交換を行うシーン。次々に場面が変わり、そのたびに十数名の役者たちは衣装を替えて異なる役を演じる。1つのエピソードに区切りがつくたび、先祖の行跡を記念する客家語の歌を合唱する。

最大の山場は、1721年に台湾南部で発生した民衆蜂起事件、朱一貴《ジューイーグイ》の乱を描いた一幕だ。

朱一貴は漳州出身の福佬人で、アヒルの養殖を営む若者だったが、清の統治に不満をいだく人々とともに立ち上がり、2週間も経たぬうちに台湾島の行政拠点である台湾府（現在の台南）を陥落させた。この事態を受け、屏東各地の客家コミュニティは連携して義勇軍を組織し、高屏渓の西岸に迫っていた2万ともいわれる朱一貴の兵と対峙する。やがて朱軍が渡河し、戦いの火蓋が切られた。初日は朱軍が優勢だったが、翌日義勇軍が反撃し、その日のうちに朱軍を敗退させた。同じころ、大陸から到着した清兵も台湾府を取り返し、朱一貴は北京に移送されて処刑された、というのが史実のあらましである。

地元には、朱一貴の乱の翌年（1722年）、戦死者を祭祀する目的で建立された六堆忠義亭という廟がある。その後呉福生の乱、林爽文の乱といった事件が勃発し、義勇軍が組織される度に、そこで決起の集会が開かれた。

芝居では農民役の人々が編笠を盾に曽老師演じる朱一貴一派と戦い、勝利を収めたのち、次の歌を高らかに歌い上げた。

〝迫りくる危機は　郷里を守る決意を呼び覚ました
男子一堂に会し　勇気を奮い立たせた
君よ来い、我も行かん　金も出せば力も出そう
足並み揃えて　袖まくり上げ
この土地の平和を　郷里の安寧を保つため
そうして全ては元の鞘に収まり　我らは前に歩み続けた〟

平定後、屏東平原は「六堆」と呼ばれるようになる。堆は「隊」を意味し、地域別に先鋒堆・前堆・中堆・後堆・左堆・右堆と六つに分けて義勇軍が組織されていたことに由来する。公式の地名ではないが、客家の団結心を示すものとして、今も広く用いられている。

劇中の時代はさらに進む。明るい藍染の服に身を包んだ女性たちが染め物をし、大きな反物を右に左にひるがえしながら舞い踊るなか、突如馬蹄の音と、「『ニップンニン』が村を焼いた」と

叫ぶ声が響く。「日本人」の客家語読みだ。

1895年の下関条約で清国から日本への台湾割譲が取り決められたのち、台湾の大部分を制圧した日本軍と、邱鳳揚という指導者が率いる六堆の義勇兵との間に衝突が起きた。戦場となった火焼庄という村は大半が焼き払われ、日本側は15名、客家側は250名ほどの死者を出し、その多くは非戦闘員だったとされる。長治郷長興村の古戦場には現在、犠牲者を祀る祠と記念碑が建っている。

黒い軍帽と軍服をまとった曽老師扮する日本の軍人が登場し、内埔に鉄道を通す計画を伝える。が、住民らの猛反対に遭い、すごすごと引き下がっていった。のちに老師から聞いたところでは、実際にそんな顛末があり、そのため当時人口の密集地であった内埔に駅がないのだそうだ。住民たちは進歩、繁栄、発展といった華やかなものよりも、慣れ親しんだ素朴な生活を愛し、選び、守ったということだろう。日本でも、東京の中央線など、計画当初はぼくの故郷である調布を通ることになっていたが、住民の反対によりルートが改められたと聞いたことがある。

大団円は、海外の国際大会で優勝し凱旋した美和高校野球部の、紅白のユニフォームに身を包んだ選手たちを、人々が花の首飾りや青天白日旗を振りかざしながら歓呼して迎えるシーンだ。先日このチームの活躍をえがいた壁画の前で老師が語っていた言葉を思い返すと、胸の奥から熱いものがこみ上げてくる。

そのあと心をこめて三線を弾き、沖縄の歌を披露した。台湾でも広く親しまれている「花」という歌は、作者の喜納昌吉氏によると、東京オリンピックの閉会式が元になっているそうだ。世界中からやってきた選手たちが、晴れ舞台にて笑ったり、涙を流したりしている光景から「泣きなさい、笑いなさい……」の一節が生まれたという。「人も流れてどこどこ行くの」などのフレーズも、客家の人々の心に深く染み入るものだろう。

「埔之内」は以前台北でも上演され、今後も不定期に各地で上演されていく。活動情報は前掲の曽老師のフェイスブックで告知されるので、観劇希望の方はチェックしてみてほしい。

## 宗聖公祠

屏東県屏東市勝豊里謙仁巷23号
営業 9:00-12:00、13:30-17:30
（月曜休）
アクセス　屏東駅から徒歩10分

MAP P.18-19 17

## 六堆忠義亭

屏東県竹田郷西勢村龍門路99号
アクセス　西勢駅から徒歩約8分

MAP P.20-21 55

## 火焼庄烈士祠

屏東県長治郷長興路449-1号
（近くの公園内にも六堆抗日紀念碑がある）

MAP P.20-21 53

本書の出版に対して多くのサポートをいただいた
屏東県政府の周春米県長、潘孟安前県長をはじめとする県政府、
取材にご協力いただいた現地の方々に深くお礼を申し上げます。

## 著者略歴

### 一青妙 (ひとと・たえ)

作家・女優・歯科医。台湾人の父と日本人の母との間に生まれ、幼少期を台湾で過ごし、11歳から日本で暮らし始める。家族や台湾をテーマにした執筆活動では『私の箱子』(講談社)『わたしの台南』(新潮社)『環島 ぐるっと台湾一周の旅』(東洋経済新報社) など著書多数。日台をつなぐ交流活動に力を入れている。

### 山脇りこ (やまわき・りこ)

料理家・文筆家。屏東が故郷の友を得て、彼女にいつも癒され、大切なものが何か教えられました。彼女を育んだ魅力ある土地、行けば納得です。『食べて笑って歩いて好きになる 大人のごほうび台湾』(ぴあ) など台湾3部作のほか、ひとり旅先として台北を推す『50歳からのごきげんひとり旅』(大和書房) など著書多数。
https://www.instagram.com/yamawakiriko

### 大洞敦史 (だいどう・あつし)

文筆家、三線奏者、蕎麦職人、台湾政府認定観光ガイド、法廷通訳、台南市日本人協会副理事長。1984年東京生まれ。2012年台南市に移住、レストラン「洞蕎麦」を5年間経営し、現在「鶴恩翻訳社」代表。著書『台湾環島 南風のスケッチ』(書肆侃侃房) など。

ブログ「素描南風」(http://nan-feng.blogspot.com)。

# 旅する台湾・屏東《へいとう》

あなたが知らない人・食・文化に出会う場所

2023年11月20日　第１刷発行
2024年１月29日　第２刷発行

著　者　一青妙　山脇りこ　大洞敦史
発行者　江尻 良
発行所　株式会社ウェッジ
〒101-0052 東京都千代田区神田小川町1丁目3番地1
NBF小川町ビルディング3階
電話03-5280-0528　FAX03-5217-2661
https://www.wedge.co.jp/　振替00160-2-410636

編集協力　野嶋剛　屏東県政府
装幀　吉村朋子
DTP組版　吉村朋子　株式会社シナノ
印刷・製本　株式会社シナノ




ISBN978-4-86310-272-9　C0026